# 外資系の
# 言語学

## コード・スイッチング
### －英語力よりも必要なコミュニケーション能力

# *Code*
# *Switching*

黒田 良 著

# はじめに

　この本をご覧になっているあなたは、おそらく「外資系」企業に興味があるか、あるいは「言語」ないし「言語学」に興味がおありか、はたまた、（少ないとは思いますが）「外資系」企業にも「言語学」にも興味がおありか、のいずれかでしょう。はじめにお断りをしておきますが、ここに述べようとしていることは、外資系企業での仕事の仕方とか、就職の仕方とか、英語の話し方とか、効果的なプレゼンの仕方とか、ではありません。ところどころで、それらしい事項にも触れていますが、そのような本は他に多くありますので、そちらを参考にされることをお勧めします。また、言語や言語学についての専門的な内容でもありません（むしろイイカゲンな内容な）ので、言語学者の先生方からはお叱りを受けるような箇所も多々あると思います。ただ、外資系企業の現場の経験があり、なおかつ、言語学を曲がりなりにも研究した変わり者はそれほど多くないはずですので、今までにない視点で、外資系企業と言語学を結びつけるような本ができたのではと己惚れています。

　この本で言いたいことは、言語を変えることで表現方法やスタイルが変わり、それらの変化を自在に駆使する「コード・スイッチング」スキルが外資系企業の日本現地法人や海外展開する日本企業で生きていくためには決定的に重要であるということです（本来「多国籍企業」あるいは、"MNC：Multinational Corporations"と言うべきところですが、日本では「外資系企業」の方がイメージしやすいので、ここではそれで通します）。外資系企業は、ただ外国の資本で設立された企業ということばかりではなく、日本国内に存在するユニークな異文化・多言語環境です。もちろん、後で述べますように外資系企業と言っても様々ですので、おおざっ

ぱな言い方になっていることはご容赦ください。

　欧米系の外資系企業においては、たいていの場合、日本語と英語が併用されています（中華圏系、韓国系などの企業では話が違うと想像します）。英語公用語が議論されている今日では、そんなことは日本企業でも、当たり前ではないか、と思われるかもしれませんが、外資系企業においては、ほとんどの場合、英語がメインで日本語がサブ、という位置づけになります。したがって公文書やメールは原則英語になりますし、オンライン・オフラインの会議も外国人が一人でも入っていれば英語が使用されるのが通例です。これは英語公用語化した日本企業が無理やり（失礼！）英語で職務を遂行しているというレベルではありません。外資系企業で働く日本人マネージャーの人たちは本社の、あるいは日本に駐在している外国人ボスと日々、相対しているのですが、この本では、彼らがどのように英語と日本語を切り替えたり使い分けたり、つまり「コード・スイッチング」しているのか、言語を使い分けることで彼らの表現のスタイルやアイデンティティがどのように影響されているのか、について探求していきたいと思います。


　本文に入る前に、私個人の「異言語との遭遇」についてお話させてください。私がなぜ言語やコード・スイッチングに興味を持つようになったかがお分かりいただけると思います。

　三重県南部のディープな田舎町で生まれ、高校まで過ごしました。そこでの話し言葉は関西弁に似た紀州弁のネイティブでした。ところが、小学校に入学すると、「美しい日本語を話そう」という当時の文部省の標準語普及キャンペーンが展開されていて、方言は是正されるべきものとされ、授業中は無理やり標準語を使うことになりますが、裃（かみしも）をつけて話しているように感じ、子供ながらにどうにもスッキリしませんでした。ただ、仲間内で

無理やり標準語的に話をすると、キザな奴、生意気な奴だとからかわれたものです。そういう意味で、地方の田舎の子供にとって標準語との出会いは初めての異文化ショックだったのです。もっとも、時を同じくしてテレビが普及し始めて標準語の世界が一気に身近になっていきましたから、自然と日常的な紀州弁と公的な標準語の「バイリンガル」になっていきました。ほとんどNHKしか映らない前回の東京オリンピック（1964年）前の1960年代初頭の話です。

　人並みに中学から英語を勉強しますが、熊野の秘境のことですから、英語のネイティブは山の上のキリスト教会の牧師さん夫婦のみで、英語の世界は夢の中よりも遠くのおぼろげな世界でした。残念ながら、紀州訛りの英語の先生から教わる英文解釈と英文法の授業にトキメクことはまったくありませんでした。

　一浪して東京の大学の教育学部に入るのですが、教師になる気もなく、成績も芳しくなかったので、就職活動でも日本企業には見向きもされませんでした。時は第二次石油ショック後の不景気な時代です。次男坊の性で田舎に帰っても職はなく、何とか都会で生きていくしかありません。追い詰められました。そこで就職のために英語だけは気を入れて神田の岩波ビルの中にあった英会話学校で勉強して、どうにかアメリカの化学会社の日本法人に入社できました。

　当時はまだ規模は小さく、社名に「ファーイースト（極東！）」とあり、なおかつアメリカ法人の日本支社の位置づけでした。日本人の女性と結婚したアメリカ人が代表を勤め、部門のリーダーは半分以上がアメリカ本社からの出向で、カーディガンを肩にひっかけたまま機関銃のようにIBMのタイプライターを打つ女性秘書を侍（はべ）らせていました。本社では課長クラスのマネージャーが日本やアジアでは将軍のように振る舞っていたこともあり

ました。当時の日本は欧米企業から見れば、昨今の中国やインドと同じで、アジアで最も有望な市場でしたから、90年代初頭のバブルの崩壊までは、どこの外資系企業も「イケイケ、ドンドン」と人員が増強され、設備投資計画も目白押しだったようです。そんなこともあって、日本で一旗揚げようという意気ごみの欧米人も多かったのでしょう。もはや現在ではそのようなアグレッシブなマネージャーは日本に派遣されてこないので、遠いむかし話になってしまいますが。そんな時代に外資系企業という異文化環境で英語を日常的に使用するようになり、英語と日本語のチャンポン生活が続きました。

　入社してしばらくすると面白いことに気がつきました。あるベテランの日本人の社員の話す日本語が、どうもよく理解できないのです。仕事はかなりできる方で、任されたタスクはきっちり結果を出していたのです。しかし、他の日本人社員とのコミュニケーションとなると、どうにも話が通じないのです。困った人だな、と思っていたのですが、ある日、彼が電話でアメリカと英語で話しているのを聴いたときに驚きました。まるで別人のように、実に明瞭にかつ理路整然と話しているのです。不思議に思った私は周りの同僚に聞いてみると、みんな同じ印象をもっていました。「あの人、日本語だと何言ってるか、さっぱり分からないけど、英語だと分かりやすくてスマートだよねぇ」という感じです。誤解のないように付け加えますと、彼の英語は実に流暢でしたので、簡単な英語で話していたので分かりやすかった、ということではありません。この例は同じ人間が日本語と英語を代えただけで、異なるスタイルを取りうる、場合によっては異なる能力を発揮することを示唆しています。

　また、別の先輩男性で管理職のポジションにいた社員は、こちらも流暢で論理的な英語を駆使できる人でした。頭の回転も速く、

切れ者という印象です。そのためアメリカ人の上司からは非常に能力を買われて、出世のスピードも同期の社員より数段早かったと思います。そんな彼でしたが、問題がありました。日本人の部下や同僚の評判が良くないのです。何が問題なのか、そっと彼の部下の人たちに聞いてみると、彼はあまりに頭が良くて、結論をいきなり示して、ロジックで部下を論破してしまい、結果として部下は合点がいかないながら黙りこくってしまう、というのです。頑固で自分の意見を押しつけたりするような性格的な問題や、部下を威圧するパワハラがあった訳ではありません。横から見ている限りでは、部下との接し方も一見、フェアーでスマートでした。しかし、部下の目から見ると何かしらシックリしない感覚になり、いつしか距離を置く存在になってしまっていたようです。このことは同じ人間でも相手が英語を話すアメリカ人か、日本語を話す日本人かによって、その人に対する受け取り方が異なることを示唆しています。

　これらの話は一例に過ぎませんが、外資系企業の人間が戸惑うぐらいですから、おそらく顧客や関係業者など社外の会社の方々からみれば、外資系企業とは摩訶不思議なことの多い職場だと思われていたのではないでしょうか。

　40代になって管理職としてアメリカ人やアジア人のボスや同僚と頻繁に英語でのコミュニケーションの機会が増えるにつれ、もう少し英語や英米文化をしっかりと勉強したいという意欲が湧き、会社には内緒で別の大学の文学部（通信教育課程）に入学しました。仕事をしながら（サボりながら？）二足の草鞋を履きました。そこでポライトネス理論（丁寧表現と心理の理論）についての講義をスクーリングで聴講したりしているうちに、言語の不思議に捕らわれ始めました。卒業論文のテーマは「言語相対論における翻訳不可能性〜翻訳語の思考への影響」で、言語と思考の間には

密接な関係がある（「言語相対論」とか「言語決定論」と呼ばれます）と論じた「サピア・ウォーフの仮説」と日本語における翻訳語の影響について論じました。この辺りは後でじっくりお話しします。

　もちろん、仕事もそれなりに（笑？）忙しく、アジア太平洋地域での責任や合弁会社のマネジメントなど、様々な経験をさせてもらいましたが、いわゆる「High-flyer（空高く出世コースを飛ぶグローバル・エリートをそう呼んでいましたが）」などではなく、日本とアジアで地を這う営業をしていました。ですので、外資系企業のトップ・エリートを目指す読者の方にはこの本はお役に立てません。

　どうにかリストラの憂き目に合わずに60歳の定年を迎え、居残って後輩たちの冷たい視線に耐えて残り数年、よくて5年を過ごすべきか、どうか悩みましたが、取引先であった日本の会社からお誘いをいただいたので、思い切って外資系にオサラバして転職しました。ある意味で日本的文化の世界への30数年ぶりの帰還となり、リエントリー・ショック（異文化から帰ってきた時に自身の国の文化に違和感を覚えること）に見舞われつつも、無事、65歳まで勤め上げてフルタイムの仕事から卒業しました。

　それ以降は時間ができたので、もっと専門的に英語学、言語学、第二言語習得論、異文化理解などを学びたいと思い、名古屋にあるとある大学院の外国語研究科の通信教育課程に入学しました。そこで、多国籍企業の日本法人の中で英語と日本語の言語の運用と切り替えがどのように行われているか、を修士論文のテーマとして研究したことが、この本を書く契機となりました。現在は、国際ビジネスコミュニケーション学会や異文化コミュニケーション学会などでの研究の傍ら、中小企業や中堅企業の海外進出を支援する政府系コンソーシアムのパートナーとしてパートタイムで働

いています。

　さて、他人の経歴を聴かされるのはウンザリと感じる方も多い
でしょうから、この辺にして、みなさんを外資系企業の言語学の
世界にご案内いたしましょう。

# 目次

## 第3部　異言語・異文化の言語学と英語教育　57

## 第4部　外資系企業での言語と文化　107

第1部

# 外資系企業の虚像と実像

# 1 異文化環境としての外資系現地法人

　まず、日本における外資系企業の歴史と様々な外資系企業像、および多国籍企業におけるコミュニケーションの研究や組織戦略についてお話します。外資系企業は良きにつけ、悪しきにつけ、異文化が衝突したり融合したりするユニークな存在であることは古今東西同じです。そうであるがゆえに、書籍や研究の題材として数多く取り上げられています。

## 「黒船」から「グローバル・スタンダード」へ

　経済産業省の『外資系企業の動向　2018年版』によると、現在、約3,300社の外資系企業が日本国内で活動しています。このうち本拠地がアメリカにある企業は約750社、ヨーロッパにある企業が約1,400社、残りがアジア・中南米等になっています。3,300社もあるのかと思われるかもしれませんが、日本には3〜4百万の企業が存在しますので、わずか0.1%ということになります。ただし、上場企業に限れば約3,000社ですので、それと比べると、それなりに多いとも言えます。

　これらの外資系企業の中には超一流のグローバル企業もあれば、名もなきベンチャー企業もあります。また、日本的経営にかなり近いマネジメントを導入して日本市場に同化している企業もあれば、グローバルの方針で一元的なマネジメントを適用している企業もあります。また、中にはグローカル（"Glocal"：Global と Local の合成語）マネジメントを標榜して、"Think Globaly, Act Locally"、つまり「グローバルな思考でローカル市場に応じて行動する」をモットーとしている企業もありますが、実態としては、様々な局

面でグローバルとローカルの間で綱引きが起きていると見るのが当たっていると思います。組織成員の構成も、ほとんど日本人の場合もあれば、逆にここは外国か、と思わせるような場合もありますが、多くは外国人か外資慣れした日本人のボスの下に日本人主体の組織が構成されているようです。そこら辺は、追ってお話していきたいと思います。

　外資系企業に対する一般的印象は時代とともに移り変わっています。文明開化の時代は、外国人は「異人」、外国製品は「舶来品」呼ばれ、おそらくエキゾチックな雰囲気満載だったことでしょう。彼らと一緒に働く日本人はどんなふうに周りから見られていたのでしょうか？　おそらく「洋行帰り」の秀才か、よほどの変わり者として扱われ、一般のコミュニティからは隔絶した存在ではなかったかと想像します。大正ロマンの時代までは徐々にそういう輩も社会で受け入れられていったのでしょうが、戦時体制で時計の針は逆戻りしてしまいます。

　終戦後の外資系企業は駐留軍のイメージと重なり、「進駐軍」とか「黒船」と揶揄されていたことでしょう。国内産業の復興への影響を考慮してか、政府は外資の単独進出には慎重でしたので、当初は特に製造業の場合は国内企業との合弁会社が主体でした。これは何年か前までの中国や多くのアジアの国々の経済発展途上の政策とよく似たものでした。

　次第に、外資規制が緩和され、1970年代以降、外資の単独投資にも門戸が開かれるようになり、ようやく100％純粋外資企業として認知されるようになっていきました。そのころ日本は空前の高度成長真っ只中でしたし、欧米からの強力な市場開放の圧力もあり、日本を成長市場と見た多国籍企業は莫大なリソースを日本国内に投入していきました。バブル崩壊後の1990年代以降は、自信を無くした日本企業を尻目に、グローバル・スタンダードを標

榜し成果主義と実力主義による人事とM&Aをフル活用したポートフォリオ経営を主軸とする欧米企業の評価が上がっていきました。しかし、しばらくすると、多国籍企業の日本への熱は覚めてしまい、他のアジアの国々にリソースをシフトするか、残念ながら弱った日本企業をM&Aするかが戦略の焦点となっていきました。そこに登場した外資系投資ファンドなどはネガティブな「ハゲタカ」のイメージで迎えられましたが、最近では外資系コンサルティング会社が、クリーンでスマートなイメージで優秀な学生を惹きつけています。

　しかしながら、一般社会での外資系企業の日本人社員に対するのイメージは簡単には変わりませんし、そこで働く日本人社員はどこか「普通」ではない、変わり者で、協調性がなく、妙に英語だけ上手いドライな一匹オオカミというのが通り相場のイメージだったでしょう。大多数の日本人が日本企業で働いているのですから、わざわざ「給与はいいけど、いつ首を切られるか分らない」外資系企業で働くのは就活生や彼らの親の世代から見れば第一希望ではありえなかったのでしょう。もちろん、実態は、そんなステレオタイプされたイメージ通りではなかったのですが、何かヘン、と思わせるところがあったのは事実だと思います。

**外資系関連本から探る外資系企業像**

「外資系」と銘打つ書籍を見てみると外資系企業の世間でのイメージが浮かんできます。大きく分類すると、「外資系はスゴイ」と讃える本、「外資系はキビシイ」と訴える本、「外資系はヘン」と指摘する本、そして「外資系はトンデモない」と非難する本です。共通しているのは、外資系は「スゴイ」、「キビシイ」とする内容の本は、どれもほとんど外資系に勤務経験のある方々の経験にもとづいていることですので、それぞれの著者の経験した外資系企

業のポリシーや世界戦略、日本法人の立ち位置や規模によって、内容が影響されているようです。また、外資系は「ヘン」、「トンデモナイ」と指摘する本はジャーナリストや大学教授によるものが多いようですので、外側からのダーティーな外資系企業像で、日本市場の制覇を目論んで暗躍する外資系企業像と言えるでしょう。

　まず、「外資系はスゴイ」という類の本は、外資系企業勤務が長く、かついくつかの企業をマネジメントとして渡り歩いた方が、その成功談をベースに、いかに外資系企業のマネジメントが優れているか、理にかなっているか、そんなスゴイ外資系の中で自分はいかにスマートに成功したか、反対に日本企業のマネジメントがいかに時代遅れでグローバル・スタンダードからかけ離れているか、などを解説する形で構成されています。例としては：

- 『外資系の強さを日本企業で生かす82のポイント』（種子島経、1999、第二海援隊）ちょっと古いですが、日本企業と外資企業の双方の実体験にもとづく経営論です。副題に「デフレで威力を発揮する攻撃型マネジメント」とあり、外資系の「スゴミ」を匂わせています。
- 『外資系トップの仕事力：経営プロフェッショナルはいかに自分を磨いたか』（ISSコンサルティング編、2006、ダイヤモンド社）『外資系トップの英語力：経営プロフェッショナルはいかに最強ツールを手にしたのか』（同上、2011）、『外資系トップの思考力：経営プロフェッショナルはいかに最強の解を生み出すのか』（同上、2016）　外資系トップの方々が英語とどう向かい合い、どう思考し、外資系企業で奮闘しながら経営トップに上り詰めた話をインタビュー形式で紹介しているシリーズです。もちろん、私なんぞと違い、みなさん外資系企業の中でも「勝ち組」超エリートの方々です。

- 『外資系で自分らしく働ける人に一番大切なこと』（宮原伸生、2019、ダイヤモンド社）日本の広告企業から外資に転進して渡り歩いた著者は、外資で働くことで「人間にとって大事なことが学べる」ことを強調しています。企業で働くことの心構えという内容になっていますが、外資系のマネジメントや思考プロセスがこれからの日本人や日本企業のあるべき姿として紹介されています。
- 『外資の流儀：生き残る会社の秘密』（中澤一雄、2019、講談社）帯には、「必ず日本企業は外資型の組織に変わっていきます。変わらないと生き残れないからです。マクドナルドやディズニーで45年働き続けた最強外資企業元トップが語る「勝つための戦術」」とあります。外資礼賛の最右翼的な内容です。
- 『日本人が外資系企業で働くということ』（藤田研一、2021、ダイヤモンド社）同じく欧米外資企業のトップを経験した著者によるものですが、冒頭に、「外資バンザイ」でも「悲惨話」でもありません、とあるように、できるだけ客観的に日本での外資系企業の実態と日本企業との違いを解説している点で、好感がもてる内容です。ただ、違いを聴けば聴くほど、やっぱり外資の方がスゴイというように読めるような気がします。

「外資系はスゴイ」ことをテーマとした本では『外資系コンサルの～』と銘打った、プレゼン・スキルや提案書の書き方、パワポやエクセルの使い方など、多く出版されています。これらも外資系、特にコンサル出身もしくは現役の社員の方々が書いていると思いますが、私はあまり興味がなく、手に取って見たことがありませんので、コメントできません。もしかしたら、『外資系コンサルの～』と枕ことば的に使えば、どこか箔がついてよく売れるのかもしれませんが、『頭のいい人の～』とか、『東大生の～』とか

と同じで、何となく上から目線のイメージになってしまっている
気がして避けてしまいます。

「外資系はキビシイ」ことを主題とした本では、特に外資系への
転職、外資系の人事管理や人事評価、およびマネジメント・カル
チャーに焦点を当てたものが主体です。たとえば：

- 『外資系の流儀』（佐藤智恵、2012、新潮社）　帯には「初日か
  らフル稼働する、会社の悪口を言うな、成果主義を楽しむ ──
  「ガイシ」族の生存競争に学べ」とあります。外資系企業の人
  事の厳しさ、外資中心のキャリアの考え方などをご本人の体験
  とインタビューにもとづき、生々しく描かれています。「日本法
  人は植民地」というコメントが突き刺さります。外資系企業の
  厳しさを指摘しながら、やはり日本的マネジメントに対して外
  資系企業のマネジメントが優位であることを主張しています。
- 『やっぱり外資系がいい人の必勝転職』（鈴木美加子、2019、青
  春出版社）　学生や転職希望の方々が外資系企業を選択する際の
  指南書のような内容です。外資系企業の人事部で長く働かれた
  方の本ですから、採用する立場からリアルなポイントが無難に
  まとめられていますし、外資系転職のリスクやデメリットも解
  説されています。たとえば、「終身雇用の保証はない」、「生殺権
  がある直属上司との人間関係には気をつける」、「外資系では最
  終決定権が「本社」にある」、など、外資はキビシイよ、という
  指摘が盛り込まれています。

　余談ですが、外資系で転職に有利なのは、人事と財務の実務が
分かる管理職です。どれも、グローバル・スタンダードのルール
でオペレーションが決まっているので、どこにジョブ・ホッピン

グ（転職を繰り返すこと）してもだいたい同じルールを応用して
やっていけるからでしょう。特定の業界向けの国内営業主体だっ
た私などには無縁の話ですが。

「外資系はヘン」であることを書いた本は、以前ほど多くはない
ようです。1980年代当時は、「ヘンなガイシのヒト」と皮肉をこ
めて主題とした本を時々見かけたものですが、それに近い例を挙
げます。

- 『外資な人たち：ある日外国人上司がやってくる』（楡周平、1999、
  講談社）　米国系企業勤務経験のあるベストセラー作家による外
  資系企業の風景が作家独特の筆致で赤裸々に描かれていて、読
  み物として面白く読めます。ただ、女性秘書についてのくだり
  も含めて、もはや古典的な外資系像ですが。
- 『外資系キャリア出世術：会社があなたに教えない50の秘密』
  （原題 "Corporate Confidential"、シンシア・シャピロ、野津智
  子訳、2008、東洋経済新報社）「出世術」とありますが、中身は
  原題にあるように米国企業の理不尽な人事評価や処遇に関する
  内部告発本っぽい内容のようです。これがそのまま外資系日本
  法人に適用されているとすると、やっぱり外資はヘンだし、コ
  ワい、ということになるでしょう。
- 『外資系企業で成功する人、失敗する人』（津田倫男、2009、PHP
  研究所）外資経験7年のコンサルタントによる著書。ありきた
  りではなく、「（外人）上司を喜ばせる必殺テクニック」、「他人
  の功に便乗する方法」など「矛盾と喜怒哀楽に満ちた外資系の
  世界を探訪」とあり、外資系絶賛ではなく、皮肉っぽい視点で
  も書かれています。異文化知識のニーズにも触れて、アメリカ
  人、欧州人、アジア人、それぞれのボスへの対処なども興味深

いところです。

　最後は、「外資系はトンデモナイ」と外資系の戦略、特に日本市場の支配を目論む多国籍企業という流れで描かれたものです。外資礼賛の「開国派」の対極にある、言わば外資「攘夷派」ですが、多くは日本の金融市場を巡る外資系ファンドなどの金融機関に焦点が当てられています。

- 『外資の正体：今こそ、日本型経営の利点を見直せ!』（高杉良、2002、光文社）　ハゲタカ・ファンドに食い荒らされる日本の金融機関と外資を後押しする当時の日本政府を糾弾する内容です。『小説　ザ・外資』などの企業小説の著者。
- 『無法外資：日本をしゃぶり尽くす白い牙』（徳本栄一郎、2003、講談社）著者はジャーナリスト。やはり国際金融資本による日本市場への進出と陰謀をジャーナリスティックに描いています。もちろん、リーマンショック前の状況をベースにしています。
- 『国家戦略特区の正体：外資に売られる日本』（郭洋春、2016、集英社）　著者は開発経済が専門の大学教授。安倍政権の目玉政策だった「国家戦略特区」の中身が「岩盤規制」撤廃の名を借りた外資進出の手助けである点を炙り出した内容です。
- 『日本が外資に喰われる』（中尾茂夫、2019、筑摩書房）著者は大学教授。豊富なデータを元に、バブル崩壊後の「失われた30年」を総括し、日本経済に警鐘を鳴らすという感じの内容です。どちらかと言うと、外資企業の謀略、というよりも、欧米資本に押されっぱなしの日本の政治と経済体制に対する批判的なコメントが多いような気がします。
- 『日本買い：外資系M&Aの真実』（加藤有治、2016、日本経済新聞社）外資系勤務経験のある著者による「外資系企業によっ

てM&A」されることのすすめ。「外資による対日投資は、資本だけでなく、人材、知識、海外市場へのアクセス等を受け入れるチャンスでもあります」と裏表紙にあり、外資に軒を貸して、母屋を守る懐柔戦略が説かれています。

このように、一口に「外資系」と言っても、イメージは様々で、正直、同じ土俵ですべてを論じる訳にはいかないと思いますが、平均的日本人の頭の中では、「外資系」は、「スゴイ」、「キビシイ」、「ヘン」、「トンデモナイ」、という感覚がぼんやりと渦巻いていることは確かなようです。ただ、概して言えば、最近は、すごく「ヘン」や「トンデモナイ」が影を潜め、ちょっと「ヘン」で「キビシイ」けど「スゴイ」というポジティブなイメージに移行しているような気がします。どちらにしても、このような外資系のイメージの根底に言語とスタイルのコード・スイッチングが潜んでいるのでは、というのが本書の命題になります。

## 多国籍企業と言語・コミュニケーションの研究

多国籍企業（MNC：Multinational Corporations）を題材とした書籍も多くあります。産業別に有力なグローバル企業について分析した本で、最近のものとしては、『多国籍企業・グローバル企業と日本経済』（小栗崇資・夏目啓二編著、2019年、新日本出版社）があります。GAFAの動向なども含めて幅広く論じています。ただ、多国籍企業と言語や社内コミュニケーションに関する研究は日本ではそれほど盛んではないようです。多くの日本の大企業も海外に進出してグローバルにも展開しているのですが、研究としては、日本人がどんな苦労をしているか、どんなコンフリクトに見舞われているかに終始しているように感じます。

当然ながら、多くの多国籍企業は欧米企業ですから、多国籍企

業における海外子会社との関係や使用言語、コミュニケーションの課題などについては、欧米の研究が中心になりますし、米国よりもヨーロッパ、しかも北欧や東欧、またはオーストラリアなどの方が発表されている研究論文は多いようです。その系統の論文の内容は大別すると、次の三つです。やや専門的な論文になりますが、こんな研究もあるのか、という感覚で捉えていただければ結構です。

1. 多国籍企業の言語ポリシーに関するもの：多くは英語を社内公用語とするか、現地語を含めた複言語主義をとるか、が論点です。英語公用語と複言語主義については後述しますが、下記の論文では、欧州の企業において複言語主義がより有効であることが論じられています。

   a. Lüdy, G., Höchle, K., & Yanaprasart, P.（2010）, Plurilingual practices at multilingual workplaces. In Meyer, B., & Apfelbaum, B.（Eds.）, *Multilingualism at work; From policies to practices in public, medical and business settings*：211-234. John Benhamins.

2. 本社と現地法人とのコミュニケーションの課題に関するもの：主に英語を使う本社マネジメントと英語と現地語を併用する現地社員の間のコンフリクトが題材になっている論文や著作です。特にdの論文は、米国、ドイツ、日本の多国籍企業において、それぞれの海外現地法人との関係を研究したもので、各国企業本社と海外支社の組み合わせで、コンフリクトのレベルを比較したものです。予想に反して、米国本社とその日本支社のコンフリクトが最も高く、日本本社とその米国支社のコンフリクトが最も低い、という結果となりました。その理由は想像するしかありませんが、米国人マネジメントが自

分たちの考えがグローバル・スタンダードであるとして自信過
剰になってしまっているのではないか、と指摘されています。

a. Harzing, A.W., & Feely, A. J. (2003) Language management in multinational companies. *Cross-Cultural Management : An International Journal* 10 (2) : 37–52.
b. Harzing, A.W., & Feely, A. J. (2008) . The language barrier and its implications for HQ-relationships. *Cross-Cultural Management. An International Journal* 15 (1) : 49–61.
c. Harzing, A.W., Koster, K., & Magner, U. (2011) . Babel in business : The language barrier and its solutions in the HQ-subsidiary relationship. *Journal of World Business* 46 : 279-287.
d. Pudelko, M., & Tenzer, H. (2010) . Conflict in foreign subsidiaries of Japanese and western multinational corporations : The impact of cultural distance and differences in home-host country combinations : *Zeitschrift für Betriebswirtschaft*. Industrieverlag Spaeth & Linde
e. Fairbrother, L. (2015) . The 'multiform' linguistic, sociolinguistic and sociocultural practices of plurilingual employees in European multinationals in Japan. *The Japanese Journal of Language in Society* Vol. 18, No.1 : 162-175

3. 多国籍企業やグローバル企業に買収された日本企業について
   の研究：バブル崩壊以降に多国籍企業の傘下に入った日本企
   業におけるコミュニケーションの問題が論じられています。c
   の著作には、日産、中外製薬、新生銀行、その他2社における、
   外資傘下入り前後の変化が、人事制度、意思決定プロセスを
   中心に生々しく描かれています。

a. Tanaka, H. (2006a) . Emerging English-speaking business discourse in Japan : *Journal of Asian Pacific Communication* 16 (1) , 25-50.
b. Tanaka, H. (2006b) . Corporate language policy change : The trajectory of management discourse in Japan, the oppressed or the oppressor? *Quaderns de Filologia. Estudis Linguistics*, 11.279-288
c. オルコット、G.、平尾光司他訳 (2010) 『外資が変える日本的経営：ハイブ リッド経営の組織論』. 日本経済新聞社

4. 海外進出する日本企業が直面するコミュニケーションの課題

についての研究も多くありますが、1冊だけ挙げておきます。ビジネス経験のある大学教授による実務的な内容です。

a. 亀田尚已　(2009)『国際コミュニケーション再考』文眞堂

## 多国籍企業のグローバル・ローカル組織戦略の変遷

　個々の企業や業界によって、グローバル展開の戦略も人事戦略も異なりますから、一般化することは困難ですが、あえて私の所属していた多国籍企業におけるグローバル・ローカル組織戦略の変遷について説明いたします。

　1980年代の日本における戦後復興、高度成長期からバブル崩壊に至るまでは、欧米の大企業が多国籍化・グローバル化していった時期です。この段階では欧米本社社員が、世界各地域の現地法人にマネジメントとして出向していました。東京の場合で言えば一等地の高級マンションにお手伝いさんをおいてもらって、殿様のような生活をしていたことでしょう。現地法人の社長や代表として全権を託された彼らは、英語ができる専任秘書や幹部社員を配置していました。英語がネイティブのように使えることが彼らの生命線だったことは間違いありません。

　その頃はアジアの中でも日本は別格でした。APEJという略語が一般的で、Asia Pacific except Japan, つまり日本以外のアジアが一括りにされても、日本のマーケットやビジネス規模が上回った時代です。組織的にも、日本の代表とAPEJの代表（どちらもまだ本社派遣が多かったのですが）が同格もしくは日本の方が格上だったのです。

　1990年代以降、バブルの崩壊やリーマンショックを経験するうちに、多国籍企業も幹部人材の現地化を進めるようになりました。これは欧米人をアジアのような地域に駐在させるコストの高さが

ひとつの理由です。海外に派遣される社員には欧米本社勤務と同様以上の生活や待遇が約束されていたので、東京などでは費用が高くついてしょうがありません。

　もうひとつの理由は、真にグローバル・カンパニーになるためには人材も多国籍化しないといけないということでした。もちろん現地法人社員のモラール（やる気）も重要なファクターでした。そういう事情で、日本法人の代表者は日本人に、APEJの代表者にはシンガポール、香港、台湾、韓国など、当時「アジアの四龍」と持て囃された地域の代表者が選抜されるようになりました。しかし、日本人やアジア人がいきなり地域の全権を持つことはありませんでした。実態は、意思決定のグローバル化が同時進行していったのです。これは、IT技術の発達で、PCやe-mailが進化し、電話会議（Conference call,とかAudio call）もむしろ頻繁になりました。形式的には組織のローカル化が実施されたのですが、実質はグローバル意思決定の一元化に向かっていったのです。

　時を同じくして、アジアの中でも日本の相対的地位の低下が顕著になり、APEJという言葉も死語となり、AP、Asia Pacificとして統合されていきました。しばらくの間は、日本が中心に位置していた事業もありましたが、中国の台頭で情勢は一変し、APの組織の代表も中国人（特に米国系中国人、または米国で教育を受けた中国人が重宝されていました）に置き換わっていきました。ただし、中国一辺倒になることは、やはり各国の社員のモラールにも関わりますので、適当に事業セグメントや管理部門のAP責任者を各国にバランスよく配分することが暗黙の了解だったと思います。

　2010年代に入り、さらに中国の影響力が高まると同時にインドが市場として拡大し始めました。アジア太平洋全域をひとつの地域（Asia Pacific Region）としてマネージすることが妥当なのか

という疑問が出てきたのです。日本や韓国の東アジア、中国、香港、台湾のGreater China、アセアンを中心とした東南アジア、インド、バングラディッシュ、パキスタン、スリランカなどの南アジア、オーストラリア、ニュージーランドのオセアニア地域など、言われてみれば、アジア太平洋地域はあまりにも広く、言語も文化も異なる地域ですので、当然の疑問です（なぜか「〜スタン」と名の付く中央アジアの国々は無視されていますし、中近東はヨーロッパの管轄でした）。

　企業によっては、APEIC：Asia Pacific except India and China、つまり、中国、インドは個別に扱い、日本も含めたその他アジアを一括りにして管理しようという狙いです。さすがにこれは日本を軽視しすぎじゃないか、という意見が出てきましたし、お隣の韓国も黙っていません。それじゃ、日韓で東アジア（East Asia）と括ればどうか、というアイデアもありますが、両国の政治情勢と国民感情からスンナリはいきません。ですので、今は各社各様でアジアをマネージしていると思います。また、インド人の英語力の高さとロジックの強さが徐々に多国籍企業も注目するところとなっていきます。特に欧米に留学して多国籍企業に就職したりしたインド人が本社の事業部門のトップになったりし始めます。同時に他のアジアの国々からもグローバル組織に上り詰める人たちも徐々に増えていきました。文字通り、マネジメント人材の多国籍化が進行しているのが現在の状況です。

　私が管理職となって、90年代の半ばにはじめて外国人が直属ボスになりましたが、台湾に赴任したアメリカ人でした。当時、アジアにある製品の工場を建設したこともあり、バリバリの若手のディレクターを送り込んできたのです。頭の切れる男でロジックの通らないことや曖昧な意見には厳しく論理的な議論を要求してきました。幸い、英語は分かりやすかったのが救いでした。しば

らくして、台湾人のマネージャーがアメリカ人の後任に指名され
ました。工場のオペレーションも定常状態に入り、マネジメント
がローカル化されたのです。バランス力があり老獪なマネージャ
ーでした。ロジックよりも感性優先なところがアジア人としては
共感できたのですが、日本の成績が芳しくないこともあって、や
や相互不信に陥ったこともありました。その後、2000年代初めに
他の部門に異動になり、なぜか日本に駐在していたイギリス人が
上司になりました。日本に居ながら本社の方向を見て仕事をして
いた印象があります。何となく反りが合わないまま、しばらくし
てイギリス人が他の事業に異動になったかと思えば、今度は上海
にアジア太平洋地域統括のアメリカ人が赴任してきて上司となり
ました。ローカル化も一旦揺り戻しというところでしょうか。初
めのアメリカ人と同じで若手の有望株という感じの男でしたが、無
難に任期をこなして本社に戻っていきました。アメリカ人が帰国
した後は、インド人が上司になりました。時を同じくしてJapan-
APEJの構造がなくなり、日本はAP：Asia Pacificの一部に統合
されました。インド人の彼は少し前までは私にレポートしていた
男ですが、外資系では追い越し人事は日常茶飯事です。High-
Flyerだった彼は、しばらくして米国本社に吸い上げられ、ある
事業部門のトップとして働いています。彼の後は上海に赴任した
アメリカ国籍をもつ中国人が二代続きました。二人とも中国人の
風貌にアメリカンのロジック＋アジア人の感性という感じで人間
的には穏やかなマネージャーたちでした。

# 2 | 外資系企業のコンフィデンシャル・ファイル

　外資系企業ならではの社内事情について、私の知る限り、かつ守秘義務に触れない範囲で、解説しています。外資系企業の中にいる人には当たり前のことかもしれませんが、外から見ると結構、不思議な世界です。

## M&A

　多国籍企業はグローバルにポートフォリオ（portfolio：事業構成）の入れ替えを常に検討しています。各事業の収益性と成長性を秤にかけて、長期的観点で事業の売買を遂行しています。日本企業でもポートフォリオ経営が一般化しつつありますが、ほとんど負け犬になった事業の売却が目立ちます。多国籍企業の場合は、収益性がほどほどあるタイミングで売りに出すことが多いように思います。

　これはできるだけ高く売却するということと、そのビジネスを欲しがる企業のコアビジネス（基幹事業）として飛躍できることが望ましいからです。企業の中でコアビジネス、つまり花形事業として扱われるかどうかは大問題です。コアビジネスであれば、投資も優先的に振り分けられますし、優秀な人材も配分されます。ノンコアに分類されてしまうと、お金も人も最低限しか回ってきません。それなら一層、そのビジネスをコアビジネスとし扱ってくれる企業に売却した方が、事業にとっても人にとっても望ましい、という発想になります。

　逆に事業を買う場合は、現在の収益性よりも将来の成長ビジネスかどうか、また既存のコアビジネスとの相溶性があるかどうか、

が決め手になるようです。「買われたビジネス」という負い目はほとんどありません。むしろ、今まで以上にリソース配分の優先度が高まるので、成長が期待されます。特にA社とB社を足して事業を再編成し2で割るような、規模の大きなM&Aの場合は、人事の融合と有効活用に工夫がこらされます。買収された事業の優秀な社員を被買収企業の重要なポジションに抜擢したりもします。いわゆるPMI（Post-Merger Integration：買収後の融合施策）が実施されます。ただし、重複部門の整理や合理化があれば、どちらの企業の社員にもインパクトがあります。

## マトリックス人事管理

　外資系で働く人には常識なのですが、外資系のマネジメントにはグローバルでの事業戦略を担うビジネス・ラインの組織と、地域や国などエリア単位でオペレーションを担うローカル組織があります。それぞれに管理職がいますが、力関係から言うと、グローバルのビジネス・ラインが勝ります。現地法人の社長などのポジションは、工場建設だとか、人材採用だとか、現地企業との合弁事業など、ローカル要因が多い事項のマネジメントが中心になります。もちろん、ビジネスへも関わることはあるのですが、横串で複数のビジネスに関与したり、特定の国内顧客とのコラボをリードしたり、などが出番となります。

　各事業部門に所属するマネージャーや社員は、日常的にはビジネス・ラインの方を向いて、横目でローカルマネジメントにも気を使いながら仕事を進めることが要求されます。ここに「現地法人は植民地」と揶揄される理由があるのですが、一方的にグローバルのディレクションを押しつけるやりかたに対しては反省の声も聞かれます。組織形態がビジネスと地域（リージョン・国）のマトリックス構造になっていることと同様に、人事（HR：Human

Relations）の管理もマトリックスになっていると言えるでしょう。福利厚生などの庶務的な管理や基礎的なトレーニングなどの人事管理は、地域・国のHR主導で行われています。

　問題は人事考課（Performance Appraisal）、キャリアプラン（Career Plan）や昇進（Promotion）に絡む事項で、これらの場合は、ビジネスのマネジメントのHR担当マネージャーが地域・国のHRマネージャーのガイダンスを受けながら、意思決定していきます。また、部門間の異動となるとビジネス部門の意向を受けて各国のHR担当マネージャーが社内調整することになります。いわゆる定期異動なるものは外資系では稀だと思います。これが外資系企業の中で部門間の異動が比較的少なく、ある部門に配属されたら、なかなか他の部門への異動が実現しにくい理由です。これは通常の日本企業で絶対的な人事権を持っている人事部とは、ずいぶん様相が異なります。

　しかし、それでは社員個々人の成長を阻害し、組織も硬直化しがちだという反省から、Job-Posting（社内公募制度）やFree Agent制度も導入されています。これは社員にとっては、部内での処遇に満足していない場合に、主体的にその部門を飛び出すチャンスを与えてくれます。原則としてJob-Postingに応募し、募集先の部門が受け入れた場合には、社員の所属部門には拒否権はないのが通例のようですから、手放したくない社員には、然るべき処遇と将来のオプションを提示しておかないと、突然、人事計画に穴があいてしまいかねません。

　一般社員向けのCareer Planとは別に、将来の幹部候補に対しては、優先レーンを設定している企業が多いと思います。短期間に多様で困難な（Challenging）な職務（Assignment）を経験させ、厳しく評価することで、フルイにかけていこうというシステムです。グローバル・トップから部門長クラス、地域のリーダー

など、ターゲット・キャリア毎に枠があり、Poolと呼ばれたりしているようです。日本流に分かりやすく言えば「キャリア組」のためのスピード・トラックのようなものです。ここら辺は、グローバル企業でもアナログ的で人間的な方法で、ほぼブラック・ボックスの中で進められているようです。多くの場合、社員は自分がPoolに入っているのか、入っていても、どのレベルのPoolなのか、知らないことがほとんどです。

**ポジション・タイトル**

　欧米企業、とりわけ米国企業の役職の肩書（ポジション・タイトル）と日本企業の役職の肩書はずいぶんと異なります。これは制度上の違いによるものが多いので、どちらが良い悪いとは言えませんが、違いを理解しておくことは重要です。CEOはChief Executive Officer, COOはChief Operating Officer, VPGMはVice President and General Managerで、それぞれ最高経営責任者、最高執行責任者、副社長兼本部長、という具合に翻訳されるのが一般的です。

　ちょっと横道に逸れますが、これらの訳語は少し問題があります。まず、CEOですが、Executiveは業務執行を意味しますので、本来はこちらが最高執行責任者であるべきだと思います。多くの場合、CEOはChairman and CEO、つまり取締役会議長を兼ねています。ご存じのとおり米国の取締役会は社外取締役で構成されていて、CEOのみが業務執行側から取締役会に議長として参加していることが多いようです。そういう意味では、会長兼社長というのが正しいニュアンスだと思います。社内取締役で固めた日本の会社の取締役会と違い、CEOの首が飛ぶことがあるのはこういう取締役会の構造によります。中にはPresident and CEOと言うタイトルもありますが、この場合はCEOが取締役会のメンバーで

はないのでしょうから、取締役会をコントロールするのが容易ではないでしょう。

　さて、CEOが最高執行責任者なら、COOは最高事業運営責任者とかに無理やり訳せないことはありませんが、中二階的なポジションである感を拭いきれません。敢えて言えば、日本の会社の副社長や専務などで取締役でない上級管理職というところでしょうか。ですので、たいていの場合、CEOが業務執行のほぼ全権を握っていることが多いので、COOがいたり、いなかったりします。となるとVPGMが副社長兼本部長では、バランスがとれなくなります。米国企業のVPGMは部門ごとに配置されていて、副社長というよりも、事業部統括部長という理解が正しいと思います。いくつかの事業を統括している場合は、Senior VPGM、とか、Executive VPGMとか呼ばれて、上席副社長とか筆頭副社長とかの訳語がついていることがありますが、これらも、事業本部長とか統括事業部門長とかのニュアンスで理解すればいいと思います。最近はさらに肩書インフレが進み、大きい企業ではこれらのポジションの管理職が、Presidentを名のることもあります。その場合、社長がいっぱいいることになるので、訳語には苦労します。

　日本企業の役職の肩書も摩訶不思議なものがあります。そもそも経営の監視機構であるはずの取締役会がほとんど社内の執行を担う管理職によって占められている（正式には兼務されている）ことが問題で、昨今は社外取締役の比率を上げるように政府や証券取引所から指導が入っていますが、改革は緒に就いたばかりと言えます。

　代表取締役である会長や社長が経営の執行の先頭に立っているケースなどはザラにあり、むしろトップ営業が是とされる経営風土もあります。特に会長が代表権をもって執行を担っている場合には、取締役会はほぼ機能していない場合が多いでしょう。多く

の日本企業はいまだに経営者支配が常套化しているので、珍しい話ではありませんが、経営の透明性は望めません。その上、日本の会社法上は意味のないCEOを肩書に加えることもブームとなっていて、代表取締役会長兼CEOなどと意味の分からない名刺をいただくと苦笑してしまいます。

　また、監視と執行を分離する目的で執行役員が導入されたりもしましたが、取締役の下のポジションと見なされているのが現状です。進んだ企業は、社長も執行役員や執行役として、取締役会から切り離して欧米企業に似た構成にしていますが、実効が伴っているかどうか、怪しいところです。お飾りの社外取締役ばかりで、そんな企業に限って不正会計が明るみに出たりしています。本論とは直接関係ないので、このくらいにしますが、日本企業のガバナンスは問題だらけ、ということを理解したうえで、欧米企業を見てみることが肝要です。もちろん欧米企業のガバナンスも問題山積ですが、巨大な不正会計事件が起きるたびに、ガバナンスの強化が図られ、経営監視のシステムは進化しつつあることは間違いないでしょう。

### リストラ

　いわゆる「リストラ（restructuring）」という言葉が人事の意味で多国籍企業の中で使われることはありません。あくまで、事業の再構成としてのrestructuringが語られるのが普通です。ただ、事業の再構成は結果として人事の合理化に結びつくことは多々あります。単純に企業業績が極端に悪く、株主の期待する利益を捻出できない場合や、M&Aにより重複する人員を合理化する統合のメリットが期待される場合、など、人員の削減や再配置が検討されます。私自身の経験では、およそ10年に一度はグローバルで大規模な人員削減があり、5年に一度小規模な調整があったよう

に記憶します。

　時期によって異なりますが、以前は、SCOP：Second Career Opportunity Package などと呼ばれる制度があり、希望者に、早期退職（early retirement）に伴う条件がパッケージとしてオファーされました。概ね、割増退職金と再就職支援の組み合わせになります。中には希望してパッケージをとることができた時期もありましたが、次第に候補者が指名され、ラインの長や人事との交渉になるのが普通です。日本の場合、退職を強制することは法的にできませんから、あくまで「話し合い」になります。事業の状況と将来性、パッケージを受けない場合の今後の処遇など、やんわりと今（しかない）このパッケージをとることの有利性を説明していくことになります。どうしてもパッケージをとることを拒否する社員がいたら、どうにもなりません。その場合は限定的な職務とそのレベルに応じた評価が下され報酬が支払われますが、本人も会社も不幸になる気がします。

　企業業績が不測の事態で悪くなった時、人員の合理化だけではなく、全体の人事コストを削減する目的で、Unpaid Dayoff が導入されたこともありました。これは、無給休暇のことで、全社員に強制的に5〜10日間休暇を取らせて、その分の人件費を削減する狙いです。米国国内でしたら、いわゆる、Layoff によって、Non-exempt*の社員を一時帰休にすることが一般的ですが、グローバルの全社員にUnpaid Dayoffが適用されたので、驚きました。

---

*Non-exempt：米国の法律で時間外手当などの対象外の職種をExempt（適用対象外）と呼びます。一般的にExemptは、Executive, Administrative, Proffessional, 加えてOutside sales などの職種を指します。Non-exempt（非適用対象外）の場合は、それらの法規が適用されて、時間外手当が支給されます。多くは工場労働者などで、時給、週給での雇用形態が多いようですが、日本にはそのまま適用できません。敢えて言えば、管理職と非管理職という区分でしょうか。

## 外資系転職事情

　外資系企業と言えば、ヘッド・ハンティングされて、華麗にジョブ・ホッピング（Job-Hopping）していく社員を思い浮かべますが、私の知る範囲では、そんな絵にかいたようなエリートは一部に過ぎません。もっとも欧米、特に米国では、アッと驚くような転職話もあります。一番驚いたのは、会社を退職した事業部門のリーダーが、2回出戻りしたことです。しかも、出戻るたびにプロモーション（昇進）していったのです。こういう場合は、彼を担ぎ上げている社内の上役と彼をヘッドハントして手数料を稼ぐ転職コンサルタントの間で綱引きがあったのではと勘ぐってしまいます。最終的には3回目も会社を去っていきました。

　これは極端なケースですが、基本的に日本企業にありがちな出戻りに対するアレルギー反応はありません。むしろ他の経験を積んできたことがポジティブに評価されることもあります。杉田敏（2019）によると、出ていったものが戻ってくるので「ブーメラン社員（boomerang employee, boomeranger）」と呼ばれているそうです。

　さて、もう少し普通の転職事情についてですが、前述の通り、外資系で転職しやすいのは、人事、財務、マネジメントだと思います。どの外資系に行ってもほぼ同じルールで職務を行うことが可能です。特に、人事や財務の場合は営業情報や技術情報など企業の機密事項を漏らすリスクが少ないことも転職を容易にしているでしょう。それに対して、営業系や技術系の場合は、意外に同業への転職は楽ではありません。まず、同業の日本企業への転職は、そもそも中途採用に前向きではない受け入れ側の日本企業の心構えというか拒否反応が問題です。給与面や福利厚生面での条件が折り合わないことも多いでしょう。外資系となると同業の企業で条件が合う現地法人はそれほど多くないのが現実です。また、機

密情報についても双方から詳しく見られてしまうこともあるでしょう。運とタイミングが良ければ同業の現地法人に転職は可能かもしれませんが、転職のメリットは多少給与が良くなっても、退職金の計算基礎となる勤務年数などマイナスに作用することも考えると、どれほど意味があるか、慎重にならざるをえません。

　ついでに定年後の再雇用ですが、基本的には日本の労働法規に従って運用しているということがタテマエです。会社によっては、所属している事業がM&Aされたり、スピンオフされたりして、定年まで行きつく社員が少ないということもあるようですが、Performance要因で定年に行きつかない社員はそれほど多くないと考えます。定年後の再雇用の条件は企業により様々ですが、ほぼ同じ職務の場合、極端に条件が悪くなることはないようです。ただし、「定年で卒業していってほしい社員」の場合は、オファーされる職務や条件は期待できないでしょうから、しがみつくべきかどうか、慎重な見極めが必要です。

## 外資系での Diversity

　欧米企業における Diversity（多様性）に関する感度は日本企業の比ではありません。これは、人種間の融和やウーマンリブ、LBGTの歴史の長さと深さがあり、多国籍企業でも同様です。特に米国の場合、社員数やマネジメントの人数の中の人種や性別の割合について改善していくための方向性が明確で、Affirmative Actions（積極的差別是正措置）によって、黒人や女性などのマイノリティを教育や雇用で一定数を最低限割り当てして受け入れることが要求されたのです。もちろん、白人男性に対する逆差別（Reverse discrimination）の懸念は指摘されてきたのですが、Diversityを推進することが最優先されました。まだまだ完全平等には至っていないことはメディアなどで報道されている通りです

が、女性や黒人などのマイノリティが多くハイレベルのプロフェッショナル・ポジションに座ることも当たり前になってきています。

　ご存じの通り、日本の法律では、目標を提示するにしても、あくまで努力目標であり、改善は遅れ遅れにならざるを得ません。外資系企業の日本法人の場合は、グローバルのDiversityに対する基本方針をベースに日本の法律や国内産業での状況を勘案して、平均よりは一歩先を歩んでいるというところでしょうか。人事・総務、宣伝・広報、財務などのスタッフ部門のリーダーやサブ・リーダーに女性が任命されることが一般的ですが、営業部門は、あくまで国内営業がメインですから、営業部門の女性比率はまだそれほど高くはないのが現実のようです。特に重厚長大産業を相手にした営業は顧客も男性主導ですから、女性の営業が入り込みにくいようです。ただし、比較的新しい製品やサービスを担う場合、たとえばIT系、バイオ系、食品系、などの分野では、女性の営業やリーダーが多く見られるようになりました。

　ところで、欧米でDiversityを推進する理由ですが、単に女性やマイノリティの人々を平等に扱うことが社会的正義であるからではないように思います。一部の白人男性たちの反感を買ってまで、Affirmative Actionsを駆使して、機会の平等だけでなく結果の平等まで達成しようとするのには、Diversityが社会の発展や企業の成長には絶対に欠かせないのだ、という信念があるからでしょう。このような多様性重視の信念が日本社会や企業に決定的に欠落しています。これは日本社会がこれまで単一文化（monocultural）で同質的（homogeneous）であること（もちろん現実は単一でも同質でもないのですが）を成長のドライバーとして発展してきたため、多文化（multicultural）で異質（混成）的（heterogeneous）であるほうが、社会の発展に寄与するのだと言われても、過去の

成功体験があるために、すんなりDiversityにハンドルを切ること
ができないのでしょう。ただ、何となく世界の趨勢に合致させる
ためとか、人手不足であるためとか、嫌々小手先のプランを提示
して、単に女性が働きやすい職場にしたとか、機会の平等を形式
的に制度化しただけで、あとは女性やマイノリティの人々の能力
とやる気次第、として、ブレーキがかかってしまっているのでし
ょう。これでは、Diversityを成長のエンジンとしている欧米の社
会や企業との差は拡がるばかりになってしまいます。

## Joint-venture（合弁会社）

　初期の外資系企業の進出時には国内企業と合弁を組むことが要
請されていたことは書きましたが、合弁企業という形態を選択す
る目的は様々です。ひとつには単純に日本市場の状況がよく分か
らないので、マーケットを熟知している国内企業と合弁を組む場
合です。この場合は製品やサービスの提供を多国籍企業側が担い、
販売や流通を合弁企業が担うことになります。この場合、製品や
サービスの生産や開発が多国籍企業側にのみリソースや能力があ
るのですから、合弁企業の役割は限定的です。この形態から一歩
進めて、製品サービスの開発能力や新規用途の開発などの機能が
加わると、合弁企業の厚みが増していきます。さらに本格的な製
造設備を合弁企業として所有することで多国籍企業のグローバル・
サプライチェーンの一角を占めるようになると、合弁企業の存在
感が一挙に高まります。

　次にありうる合弁企業を組む理由は、国内にある同業企業との
合従連衡です。日本に進出する際に、潜在的な競合会社を洗い出
し、彼らが市場に登場する前に、合弁を組むことを提案するので
す。これは高度な政治的判断を要求される交渉になると同時に、競
争制限的なことにならないように、細心の注意をもって遂行する

必要があります。ただし、これが上手くいくと、国内市場の中で有力なパートナーを得て、優位に営業活動を展開することが可能となります。もちろん、パートナーとの信頼関係と（ひとつ間違えると競合関係に化けてしまうという）緊張関係をもって事に当たることが肝要です。そのためには無用な主導権争いは禁物です。合弁パートナーとして、相手を尊重するスタンスが多国籍企業本社のトップレベルにも求められます。

　ただし、合弁企業の現場は、一筋縄ではいきません。外資系組織文化で育った社員と純日本流の企業で育った社員が同じオフィスで仕事をするのですから、設立当初はカルチャーのぶつかり合いは避けられません。まして、多国籍企業本社からのディレクションは、外資系企業側の社員のラインから、伝えられますので、英語でのやり取りの問題が出てきます。もちろん英語が堪能な国内企業側の社員もいますが、言葉以上にスタイルとカルチャーの壁が高いのが現状です。合弁企業のマネジメントは両親会社から出向している場合が多いのですが、合弁トップの仕事の大半は、両社の出向社員の協調と融和を図ることにエネルギーを使うことになります。

## SDGs

　ここ数年SDGs：「持続可能な開発目標（Sustainable Development Goals」がどの領域でも意識されるようになってきました。Wekipediaによると、「持続可能な開発のために国連が定める国際目標で、17の世界的目標、169の達成基準、232の指標がある。2015年9月の国連総会で採択された『我々の世界を変革する：持続可能な開発のための2030アジェンダ』（Transforming our world：the 2030 Agenda for Sustainable Development）と題する成果文書で示された2030年に向けた具体的行動指針で、2015年

までの達成を目指していたミレニアム開発目標（MDGs：Millennium Development Goals）が継承されている。」とあります。もちろん、本書における主題ではありませんが、企業も政府もSDGsを無視できないのが現状であるようで、多くの経営者や管理職は、やや大きめで決してデザイン性が優れているとは言えない（失礼！）SDGsバッジを誇らしげに胸につけています。確かに、自分の国や企業だけが良ければいいのだ、という時代は終わっていることは間違いありません。「xxx、First!」という時代錯誤の反動もありますが、世界が相互依存していて、自分の行いが回りまわって自分に降りかかってくることは自明です。

　多国籍企業の対応を見た場合、金儲けをするということ以外に、安全（safety）、倫理（ethics）、人権（people）、などの企業の行動指針を従業員やマネジメントが順守すべき価値として挙げているところがほとんどです。企業によって、コア・バリュー（core-value）とか、ミッション（mission）と呼ばれていますが、これに対外的な行動指針が21世紀になる前後から加えられるようになりました。特に環境指針（environment）は、ヨーロッパから米国を回って、グローバルのトレンドとなりました。

　SDGsの提唱している目標はさらに多くの社会課題に対して企業の眼を向ける契機となっていることは間違いありません。もともと、企業に関わる株主・投資家、顧客、従業員、そして社会・環境などのステークホルダー（stake-holder）に対して、気を配りながらオペレーションを進めていくのが、当たり前であったのですが、しかしてその実態は、株主優先であったり、従業員や経営者優先であったり、とバランスを欠いていたとも言えます。ある意味で、SDGsは世界を幅広く見て、より多様な社会課題の解決に企業も努力することを要請しているのでしょう。

　とは言え、いくら社会貢献しても、あるいは社会課題の解決に

寄与しようとも、利益をもたらせなければ株主も、従業員も、社会（納税という意味で）も満足しないでしょうし、利益がなくなって事業が文字通り持続可能（sustainable）でなくなれば、顧客にも迷惑になります。また、企業による寄付や従業員によるボランティア活動など、それら自身は尊い行いですが、まだまだどちらも余力で社会貢献するという意識を免れません。もっと本業による事業活動と社会貢献が緊密にリンクすること、そのためには、まさにバランス経営と革新的ビジネスモデルやテクノロジー、そして社会貢献できる底力が企業には要求されるのです。

　これらのことは、かのマイケル・ポーター教授もすでに2002年に「戦略的フィランソロフィー（strategic philanthropy）」として提唱しています。おそらく多国籍企業は「戦略的SDGs」をすでに意識して、行動計画に落とし込んでいることでしょうし、何となくブームでSDGsを標榜している企業は、いずれ何事もなかったかのように看板を下げるか、その企業自身が消えていくかのどちらかでしょう。

**参考文献**

・杉田敏（2019）『NHKラジオ実践ビジネス英語：現代アメリカを読み解く』DHC
・持続可能な開発目標 ― Wikipedia　https：//ja.wikipedia.org/wiki/%E6%8C%81%
　E7%B6%9A%E5%8F%AF%E8%83%BD%E3%81%AA%E9%96%8B%E7%99%BA
　%E7%9B%AE%E6%A8%99
・Porter, M.E.,& Kramer, M.R.（2002）The competitive advantage of corporate
　philanthropy. *Harvard Business Review*, December 2002 issue.

# 第2部

# 外資系企業における
# コミュニケーション

# 1 外資系現地法人における コミュニケーション上の留意点

　ここでは、外資系企業の中でのコミュニケーション上の留意点について、現役外資系企業の管理職にアンケートとインタビューで調査した結果を分析し、欧米人のボスと日本人のボスと部下の場合で、何がどう違うのかを解析しています。

　前述した経済産業省の調査によると、外資系企業が日本で企業活動する際に問題になることのひとつは、能力のある人材を雇用しにくい、特に英語でコミュニケーションができる人材が足りないことです。これは本拠地の地域に関係なく全体の半数以上の企業が課題として挙げています。

　このように英語が重要な日常的コミュニケーション手段である外資系企業においては、日本人マネージャーが外国人（たいていはボス）と話す時と日本人と話す時で、言語とスタイルの切り替えをしていることが仮説として考えられます。日本人マネージャ

表1：インタビューした方々の属性（Kuroda, 2022a）

|  | 企業経験 | 職責（マネージャー以上） |
|---|---|---|
| Mr.A | 米国系 | 管理部門 |
| Ms.B | 米国系、欧州系、日本企業 | 管理部門 |
| Mr.C | 米国系 | 事業部門 |
| Mr.D | 米国系、日本企業 | 事業部門 |
| Mr.E | 米国系 | 管理部門 |
| Mr.F | 米国系 | 事業部門 |
| Mr.G | 米国系、日本企業 | 管理部門 |

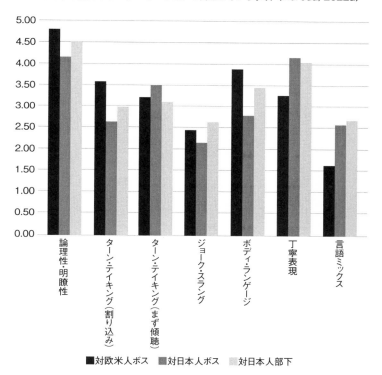

図1：外資系企業内でのコミュニケーションで留意している事項（Kuroda, 2022a）

■対欧米人ボス　■対日本人ボス　対日本人部下

一たちが、どのように英語と日本語でスタイルを変えながら頻繁に使い分けているのかをリサーチするために、2019年から2020年にかけて、外資系企業で勤務する日本人マネージャー19名にアンケートを実施し、また表1の7名の方々に個別にインタビューに応えていただきました。

　まずは、欧米系のボスと英語で話す時と、日本人のボスと日本語で話す時、日本人の部下と日本語で話す時のそれぞれの場合、どのような点に注意して話しているのか、5点法（数字が大きいほ

ど重要度が高いことを示します）で答えてもらいました。図1に
アンケート結果をまとめています。

## ロジックと明瞭性（Logic and clarity）
　これは直感的にも分かる話なのですが、欧米系のボスと話す場
合は、論理的で明確な組み立てをすることが望まれます。アンケ
ートの結果は平均4.79、日本人ボスの場合の平均4.16を上回り、統
計的にも有意な差が認められました。もちろん日本人ボス相手で
も基本は同じなのですが、あまりに直截的な物言いは外資系企業
と言っても歓迎されないようです。特に、回答者の多くが口をそ
ろえて指摘したのは、最初に結論を述べることです。最近では、日
本の企業でも、まず結論を述べよ、と指導されることが多いよう
ですが、いざ最初に結論を述べると、いきなり失礼な奴だ、押し
つけがましい、とか訝られることがまだあるようです。やはり、日
本人には「起承転結」で話を構成することが無難なのでしょう。ま
ず、課題を提示して、上役の反応を見てから、結論にどうもって
いくか、場合によっては、話を再構成したり、トーンを変えたり
することもあるでしょう。おそらく、同じスタンスで欧米系ボス
との話に臨むと、回りくどく、自信のないヤツだと思われること
でしょう。

　いくつかの外資系企業を渡り歩いたB氏のコメントです：
　　欧米人のボスと話す時は意図的に短く、簡潔に、論点を明確
　　にして話します。社内での議論に勝つにはロジックとクリテ
　　ィカル・シンキングが欠かせません。

　アジア地区での職務の長いE氏のコメントです：
　　英語の時はスタイルを変えます。話のアジェンダに沿って自

分の意見をストレートに述べるようにしています。ロジック
を組み立て、ありうる質問に対処できるように準備します。正
直、日本人のボスよりも仕事はやりやすかったです。

日本人の部下に話す時には日本人ボスとの場合と比べて、論理
性・明瞭性が4.53と高くなりました。このことは部下に対しては
婉曲的な物言いは抑え気味で、分かりやすく直截的な話し方にな
る傾向があることを示しているようです。同じ日本人相手でも上
下関係でスタイルが大きく異なります。日本人的には納得しやす
い結果ですが、部下に対して話す時には、英語スタイルになり、日
本語的スタイルによる婉曲ブレーキが効きにくい、とも理解でき
ます。

## ターン・テイキング（Turn-taking）

議論や話し合いをする時に、どのように話のやり取りをするか
をターン・テイキングと言います。直訳すると話の順番決め、と
いうことでしょうか。アンケートでは、相手の話の途中で割って
入るか、を聞きました。話に割って入ることを心掛けている度合
いは、欧米系ボスとの話では平均3.58、日本人ボスとの場合は平
均2.63となり、これも有意な差が認められました。欧米系のボス
にとっては、質問を多くしてくれたり、自分の意見を述べてくれ
たりすることは、積極的に議論に参加している、話に興味をもっ
てくれている、と評価されるのです。逆に、割り込みもなく、何
の質問も意見もなければ、関心がないと判断されてしまうでしょ
う。

概して、外資系企業とはいっても日本人は、他の国の社員と比
べると、質問や意見を言うことが少ないことは事実です。これは
日本の場合、意見を言うことはちょっと生意気、あるいは目立ち

たがり、と見られたり、質問をするのは理解力が足りない、と見なされたりする（と思ってしまいブレーキがかかる）傾向が強かったからだと考えられます。日本企業から転進したＦ氏は「英語力もさることながら、そもそも上司の話に割って入るのは無理」と述べています。タテ社会の上意下達の伝統（悪癖？）が背景にあります。これが日本人の部下相手となると3.00となり、欧米人ボスと日本人ボスの中間くらいの間隔で部下の話に割り込みするようです。当然上司として会話の主導権を取るように話すのでしょうけど、日本語の場合、上司といえども割って入ることは頻繁ではないとも言えます。

　もうひとつ、相手に先に話させるかどうか、も聞きました。残念ながら、こちらのほうは有意差がでませんでしたが、日本人上司に対しては、まずはご意見を伺うスタンスが少し強く見られました。欧米人ボスは、頭から自分の考えを繰り広げる部下のほうに好感をもつようです。もちろん、論理性と明瞭性があっての話ですが。

## ボディ・ランゲージとアイ・コンタクト
## （Body language and Eye contact）

　手ぶり身振りや、顔の表情の使い方、ゼスチャーを交えた大きな身体の動き、はたまた歩きながら話したり、いわゆるボディ・ランゲージや、目配りしながら話すアイ・コンタクトをどの程度使ったりしているか、をアンケートで聞いてみると、これもはっきりとした差が出ました。欧米人ボスに対しては3.89、日本人ボスに対しては2.79、日本人部下に対しては3.47という結果で、有意な差が確認できました。

　英語でプレゼンテーションするためのトレーニングを受けたことがあるマネージャーがほとんどでしたから、ボディ・ランゲー

ジとアイ・コンタクトは、スキルとしては会得しているのでしょう。どの程度、英語で話していることと相手が欧米人であることが、これらのスキルの発出に影響しているかは分かりませんが、スキルが習慣となり、自然に使えるレベルになっているように思います。

　日本人の部下に対してはよりボディ・ランゲージやアイ・コンタクトが使われていることは、日本語でも英語的スタイルに転化しているとも考えられます。逆に、日本人ボスに対しては英語的スタイルにブレーキが掛かっていると解釈できそうです。日本企業の経験もあるＧ氏は、「ボディ・ランゲージは英語でも日本語でも多用するが、アイ・コンタクトは日本人には、あまり使わない」と述べています。目を見て話さないと信用されない文化とジロジロ顔を見ながら話すのは、気持ちが悪いし、失礼だと思われる文化の違いもあります。


## ジョークやスラング（Joke and slang）

　アンケートの結果を見るまでは、外資系企業の日本人マネージャーは欧米人上司に対してジョークやスラングを多用するのでは、と推測していたのですが、予想は外れました。結果は、欧米人上司に対して平均2.42、日本人上司に2.16、日本人部下に2.63と、いずれも低い重要度が示されました。日本人マネージャーの多くはTOEICで言えば800〜900点台を取れるレベルですので、ビジネスに必要とされる実用的英語スキルは必要十分にありますが、ジョークやスラングを使いこなせるのは、英語力や海外経験がもう一段上である必要があるのでしょう。

　また、あえてジョークやスラングを会話の中に多用することは、かえって誤用によるリスクが高くなることもあるので、使わずにすませれば、その方が無難なのでしょう。もちろん、非常に親し

くなれば、飲み会の席などではビジネス以外の文化的、時に知的な話題も増えて、ジョークやスラングを連発することになる場合もあります。ただし、無礼講や下ネタはご法度です。品位を疑われます。このあたりのオンとオフの切り替えは、個々のマネージャーの個性と力量によって変わってきます。留学経験があるG氏は、次のように述べています。

> 英語で話す時は、日本語の時よりも社交的で友好的になっていると思うし、ジョークも多用する。文化的な違いのなせる業かもしれないが、自分のパーソナリティも変わるように感じる。たとえば、アメリカでエレベーターに乗っている時は、知らない人に話しかけたりするが、日本ではあり得ない。

　ジョークについては英語落語を演じる大学教員である大島希巳江（2006）が、米国のような低コンテクスト社会では、背景知識の異なる万人向けに分かりやすいように起承転結のはっきりした一人語りのジョークが多いと指摘しています。日本のような背景知識が豊富な高コンテクスト社会で通じるジョークも、米国ではウケナイ可能性があるということもあるようです。

### 丁寧表現（Polite expressions）

　丁寧表現に気を使うのは欧米人上司の場合よりも、日本人の上司や部下の場合の方が多いようです。欧米人上司に対して平均3.26であるのに対して、日本人上司には4.16、日本人部下には4.05という結果で、有意な差が確認できました。もちろん日本人マネージャーは日本語ネイティブですから、英語に比べて日本語の方が精緻な表現が可能であることを考慮しても、日本語で日本人と話す場合は、敬語を含む丁寧な表現のスイッチが入ると考えていいと思います。前述したように、英語でも丁寧表現は山ほどあり

ますが、上司と部下でも基本は50：50の関係がベースとなることもあり、丁寧表現よりも論理と明瞭性が優先されるのでしょう。

　意外だったのは、日本人の部下に対しての丁寧表現への気遣いも高めの結果となったことです。上下関係で180度丁寧表現が変化する組織も多いと思いますが、外資系企業では日本人同士でも50：50の感覚が働いているのでしょう。特に、最近では年上の部下も多かったり、女性の上司も増えたりして、社内コミュニケーションでの表現形式の平準化が進んでいることも背景にあると想像されます。

　ちなみに、多くの外資系企業では、肩書で呼ばれることは稀で、上下の区別なく「さん」付けで名前を呼ぶのが普通です。呼び捨ては論外ですが、最近は「君」や「チャン」も避けられています。いつ何時、人事上の立場が逆転するか、分かりませんから。英語の場合は、欧米人や英語名を使っているアジア人の場合は、First Nameで呼ぶのが通例です。日本人の場合は、なぜかFamily nameに"-san"をつけて呼ばれます。中には英語名を社内で使う人もいますが、知る限りは少数派でした。

## 言語ミックス（Language mix）

　会話の中でどの程度、英語と日本語をミックスするかを見てみたかったのですが、結果は、欧米人上司に対して平均1.63、日本人上司に2.58、日本人部下に2.68、と低いことが分かりました。もっとも欧米人相手の場合は、よほどの日本通でない限り、日本語を混ぜることはないことは当然と言えます。ただ、外資系ですから日本人相手の場合はもっと英語が混ざると予想していましたが、それほどでもありませんでした。もっとも、Traveling Expense, Stationary, Itenerary, Performance appraisalなど、そのまま日本語での会話で常用されています。また、ビジネス・マネジメント

に関する用語は、ほとんどそのまま英語で使われます。ただ、日本人だけを相手に英語で話すことは、まずありません。

# 2 | コミュニケーションの課題と改善策

　同じアンケートで外資系企業管理職が抱えているコミュニケーション上の課題と、それに対する改善策について答えていただいてます。

　欧米人ボスとのコミュニケーションで、課題は何かという問いに対しては、図2にあるように、押しの強い上司（平均値3.0）、総体的文化の違い（同2.95）、本社の方針（同2.95）、ネイティブ英語のスピードや発音などの言語表現（同2.74）、自分の発言力の低さ（同2.47）、自分の論理的思考力（同2.37）、上司との信頼関係

図2：コミュニケーション課題の重要度（5：課題大、1：課題小）（Kuroda, 2022b）

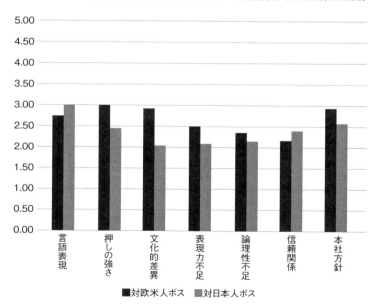

（同2.16）の順でした。平均的には、可もなく不可もなくというレベルですが、かなりのバラツキがありましたので、個人差が大きいのでしょう。また、特に大きな課題はない、という感覚もあると思いますから、全体的にポイントが低くなっていることはありますが、割り引いて考える必要がありそうです。

　外資系企業ですから、当然、本社の方針は無視しがたいものがありますし、欧米人ボスはその方針を体現していますから、自然と押しも強くなり、遠慮のないネイティブ英語で捲し立てる上司もいることでしょう。活発に議論しても、最後は、"Just DO it!"、つまり「四の五の言わずにヤレッ!」と言われておしまいです。押しまくられると自分の論理的思考力や発言力の低さに気がめいり、ついには欧米人ボスとの信頼関係も確立されないままに終わるケースもあります。すべては「文化の違い」に帰結させてしまうこともあるでしょう。もっとも、最近は異文化マネジメント教育が行き届いてきたのか、高圧的な欧米人ボスは少なくなったような気がします。

　日本人上司とのコミュニケーションの課題については、押しの強い上司（平均値2.47）、曖昧な言い回しなどの言語表現（同3.00）、総体的文化の違い（同2.05）、本社の方針（同2.58）、自分の発言力の低さ（同2.11）、自分の論理的思考力（同2.16）、上司との信頼関係（同2.42）となっています。欧米人ボスと日本人上司で比較できる項目を見ると、押しの強い上司、総体的文化の違い、本社の方針、自分の発言力の低さ、自分の論理的思考力については、対欧米人ボスとのコミュニケーションの課題が重いことが分かります。しかし、なぜか上司との信頼関係については対日本人上司とのコミュニケーションの方が重い課題となっています。想像するに、日本人同士の上下のコミュニケーションでは、曖昧さのよ

図3：コミュニケーション課題のソリューション（対欧米人ボス）（Kuroda, 2022b）

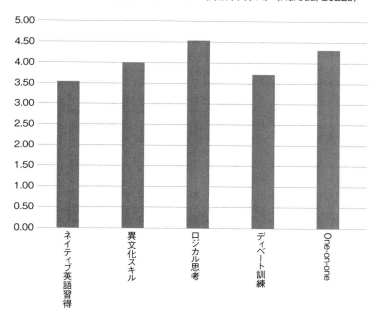

うな論理だけで推し量れないファクターがあるのでしょう。

　次に、欧米人ボスとのコミュニケーションを改善するために何をすれば効果的か、を聞いて見ました。図3にあるように、高い順から、ロジカル・シンキング・トレーニング（平均値4.63）、上司とのOne-on-one（同4.37）、文化的背景知識習得（同4.05）、ディベート・トレーニング（同3.74）、ネイティブレベルの英語習得（同3.58）、となりました。いずれのソリューションも平均以上のポイントになっていますが、欧米人ボスとのコミュニケーションで最も心掛けているのが論理性と明瞭性ですので、論理的に明瞭に話すための訓練が最重要であることはうなずけます。また、文化的知識やディベート能力はあるに越したことはないが、必ずし

もネイティブ英語を習得しなくとも良いし、欧米人らしく話すことはMustではない、とも見て取れます。むしろ、上司と1対1でじっくり話し合うことが重要であるとの回答です。

　こちらも、日本人上司とのコミュニケーション改善策についても、聞いてみましたが、欧米人ボスと比較できる項目を見てみると、ロジカル・シンキング・トレーニング（平均値4.16）、上司とのOne-on-one（同4.21）、ディベート・トレーニング（同3.58）となり、全体的に対欧米人ボスと比べると、やや低い数値となっています。やはり、日本人の場合はロジックやディベートのスキルを鍛えるだけでは、コミュニケーションのソリューションにはならず、One-on-oneについても、ちょっと腰が引けている感じもします。

**参考文献**
- Kuroda. R.（2022a）. *Language accommodation in subsidiaries of multinational corporations in Japan*. Journal of Intercultural Communication. 25.53-66.
- Kuroda. R.（2022b）. *English usage and acculturation in subsidiaries of multinational corporations in Japan*. Nagoya Gakuin University. Review of Foreign Languages. 22.35-51.
- 大島希巳江（2006）『日本の笑いと世界のユーモア：異文化コミュニケーションの観点から』世界思想社

# 第3部

# 異言語・異文化の言語学と英語教育

# 1 異言語・異文化の言語学

　次に、人間の言語能力は先天的か、後天的か、また、言語は思考をコントロールするのか、言語学習を通じて模倣しながら同化していくのか、など、いまだに答えが出ていない言語学の謎について簡単に説明します。これらの言語学の謎も外資系企業での言語コミュニケーションや言語スタイルの使い分け（コード・スイッチング）に深い関わりがあります。

## チョムスキー・トマセロ論争

　異言語・異文化についての研究を検討する前に、言語習得についてのノーム・チョムスキー（Norm Chomsky）とマイケル・トマセロ（Michael Tomasello）との論争について見ていきましょう。人間にとって言語とは何なのかを探る手掛かりになりますから。

　チョムスキーは言語の生得性を主張する立場をとり、言語習得装置・普遍文法がパッケージとなっています。つまり言語は生まれつき遺伝子的に人間に備わった能力であるから、わずかな刺激しか与えられない言語環境においても、子供はほぼ一様に母語を習得していくと考えました。現時点では、チョムスキーのこれらの仮説は言語学的にも、脳科学的にも証明されていません。それに対してトマセロは、言語はコミュニケーションを通してのみ習得されていくとする創発主義に基づく立場で、言語は子供の認知能力の発展の一つであると考えました。子供は成長過程で膨大な言語環境にさらされており、子供の脳はスポンジのように単語や文を吸収し、試行錯誤を繰り返し、誤用に対する指摘を受けたりしながら、言語能力を獲得していくという考え方は極めて自然な

過程であると思えます。

　チョムスキーにとって、母語である第一言語習得過程における言語環境はそれほど重要ではないようです。「刺激の貧困」と言える環境下でも、最低限のインプットがあれば子供は正しい文法を習得すると同時に間違った表現や言い回しを区別することも可能になると考えます。しかし、この考えも言語の生得性と大半の子供が母語を獲得しているという事実を結びつけたものであり、証明された言語習得仮説とは言いがたいものがあります。トマセロの考えでは言語環境にさらされ続けることが非常に重要であり、周囲の豊富な言語環境下でコミュニケーションが継続的に図られ、他者の意図を読み取る能力やパターン認識能力と並行して言語が習得されていると考えており、言語能力の成長を認知能力全体の成長の中で捉える考えは人間をトータルで見る意味で自然であるように考えられます。

　第二言語習得について、チョムスキーは、子供の時期に母語を習得すると、やがて新たに他の言語を習得することが困難となる臨界期を迎え、言語習得装置の機能はなくなってしまい、普遍文法から第二言語の文法に結びつけることができなくなると想定しています。しかし、言語習得における臨界期についても理論的な証明がなされた訳ではなく、第二言語は母語のように流暢に話せるレベルに到達することは極めて困難である、という、言わば状況証拠が認められているだけです（Lightbown & Spada, 2013, p.24, Schmitt, 2010, p.109）。

　トマセロら創発主義陣営は、発音などについて3〜4歳を過ぎると第二言語として習得することが困難になることは認めつつ、必ずしも臨界期を想定せず、むしろ母語の第二言語への移転、もしくは母語をフィルターとして第二言語を把握してしまうことが習得の弊害となる可能性を重要視しています。いったん習得した母

語は脳の中で膨大な単語というデータと文法というアルゴリズムで極めて大きな存在であるはずですから、母語が第二言語の習得を阻害するフィルターとなることは説得力があります（白井, 2008, pp.38-48）。

　チョムスキーとトマセロの立場の違いを、馬場・新多（2016, 第2章）らを基にまとめると、表2のようになります。

　チョムスキーの言語生得性理論は、初めに生得性ありきで理論が構築されているように思えます。生得性を説明するために普遍文法と言語習得装置を想定し、自然文法への変換スイッチやその効力がなくなる臨界期を仮定しているわけです。ある意味で人間だけが自然界で特殊な遺伝子でできた特別な存在であることを主張しており、違和感を覚えます。それに対して、トマセロの観点は、子供の周囲の言語環境の観察に基づき、あくまで言語の発達を人間としての全体的認知能力の一環として捉えていることに共

表2：チョムスキーとトマセロの立場の違い

|  | チョムスキー | トマセロ |
|---|---|---|
| 言語の生得性 | 肯定:人間は生まれつき言語習得装置を持ち普遍文法が備わっている。 | 否定:創発主義の立場で言語能力は認知能力の一つとして発展すると考える。 |
| 言語習得過程 | 普遍文法から各々の自然言語文法への移行していくことで「刺激の貧困」状態でも短時間での言語習得が可能となる。 | 他者の意図を読み取る能力やパターン認識能力の発展と並行して、コミュニケーションを通して周りの言語環境から習得していく。 |
| 臨界期と第二言語習得の限界 | 臨界期の存在を仮定しているため、第二言語習得において普遍文法が母語習得時のようには働かないので第二言語習得は困難を伴うのが通例である。 | 臨界期の存在を仮定しないが、習得済みの母語の影響により、第二言語習得が困難を伴うことがある。また他の認知能力の成長が阻害されている場合も困難である。 |

感を覚えます。また、第二言語習得の可能性について前向きの可能性を提示しうる理論であることも重要です。

## 構築主義 対 本質主義

社会学で特にアイデンティティを論じる際に、避けて通ることのできない争点が、構築主義か本質主義かです。アイデンティティは「自分は、これこれである」のように自認されている状態ですが、これが本質的に自分に備わったものであり、それが表現されたものに過ぎないと考えるのが本質主義です。それに対して、そんな「本質」は幻想にすぎず、アイデンティティが自分と他人とのコミュニケーションや関りによって、可変的に構成されるものと考えるのが構築主義と呼ばれる考え方です。

これは人間の「本質」とは何か、という極めて哲学的な問いかけに関わる問題ですので、ここで深入りする能力も知見も私にはありません。おそらくその「本質」らしきものは遺伝子的に存在が証明される部分に限られるのではと想像しますが、それは簡単なことではありません。遺伝子的な事実で、事のすべて説明がつくはずもなく、人間は、遺伝的要素と経験的要素がミックスされることで、どちらの要素が強く、その人のアイデンティティや個性に影響するのか、が重要です。しかも遺伝的要素は経験を重ねることで、遺伝子のスイッチが入ったり、入らなかったりすることが知られています。人間一人のことを考えても、こうなるわけですから、社会全体の文化の次元となると、これはまさに環境と歴史的経験によって構築されてきたもので、たとえば「日本人の本質」などと言ってみたところで、不確かなものですし、時代の変化が早い最近は特に、極めて曖昧模糊としたものであると言えるでしょう。

## サピア・ウォーフの仮説

　使用する言語によって語彙の概念や表現形式などが強く影響されるのですが、言語によって人間の思考が決定されることを仮説として提唱したのは、アメリカの言語学者のエドワード・サピアとベンジャミン・L・ウォーフです。ウォーフは1930〜40年代に主にアメリカ・インディアンやエスキモーの言語を研究し、言語によって同じ事象や事物を表現する語彙の種類が異なることに注目しました。よく例として引き合いに出されるのは、エスキモー語で雪を意味する語彙が非常に多いことや、虹の色の数が言語によって2色だったり、4色だったり、7色だったりすることです。ウォーフの没後1956年に彼の論文は1冊の本にまとめられ、その仮説は「サピア・ウォーフの仮説」として有名になりました。

　もちろん、この仮説は激しい非難を受けることになります。言語が生得的な能力であるかどうかは別にして、言語は人間だけが操れる能力ですし、人間の認知能力は普遍的である、つまり人間の思考能力は一様であるので、言語が変わることで思考が変わる、あるいは影響を受けることなどあり得ないと考えられたからです。現在でもその正当性をめぐって議論が戦わされています。仮説を証明したという実証データが提出されたと思えば、それに対する反証が出されたりしているようですが、言語で思考は変わる、いや変わらない、思考を変えているのは文化である、いや言語は文化の主要な要素である、とか、堂々巡りしているようにも見えます。ただ、おおかたの見方は、言語は思考を決定するとまでは言えないが、まちがいなく思考に何らかの影響を与えている、というところでしょうか。「何らかの影響」というところが、少し歯切れがわるいのですが、後述するように、日本語の変遷に連れて、日本人の思考が影響されていることを考えれば、感覚的にはガテンがいくところではあります。

初めてこの仮説に出会った時はある種のカルチャーショックを覚えました。言葉は単なる手段に過ぎず、世界中の人類はお互いに言語学習や翻訳を通じて完ぺきに理解しあえるものだ、という考えはもろくも崩れ去りました。そして、一人の人間が、日本語を話す時と英語を話す時で、人格とかアイデンティティとか思考形態とか、何かが変わっているのではないか、と直感的に思い至ったのですが、もちろん何の証拠もなく論証もできませんでした。ただ、前述したように、何かヘン、という思いを持ちつつ外資系企業での36年の勤務を終えることとなりました。

## アコモデーションとアシミレーション

　子供の成長過程を研究した教育心理学者のピアジェは、子供が大人の真似をしていく過程を、「調節」を意味するアコモデーション（Accommodation）、また、大人と同じように振る舞うようになっていく過程を、「同化」を意味するアシミレーション（Assimilation）と呼びました。その概念を応用して、一般的な話し方の調節を言語のアコモデーションと定義し、Communication Accommodation Theory（CAT：話体調整理論と訳されることがあります）を確立したのは、言語学者のハワード・ギルスです。当初、ギルスらは、ラジオのアナウンサーが放送区域に応じた表現や語彙を使うことなどを指して、Speech Accommodationと名づけました。そして、相手の話し方に合わせることをコンバージェンス（Convergence）、逆に合わせないことをダイバージェンス（Divergence）と呼びました。

　今では研究範囲が拡がり、個人間でのコミュニケーションだけではなく、集団間でのアコモデーションが研究されたりしています。日本語の場合でも、相手によって話し方（談話のスタイルと言います）が変わるのは常識的に理解できるところです。目上の

人や他人に対する話し方と、友人や家族と話す場合は、談話スタイルが異なるのは当然ですし、方言のある地方から、たとえば東京などに転居した場合、東京で知り合った人には標準語で話し、田舎に帰ったり、田舎の人が上京してきたりした時には方言で話すなどもよくある現象です。

　また、アコモデーションの種類についても精緻化されていきました。たとえば、何らかの上下関係がある時に、下の者が上の者に話し方を合わせる場合はUpward Accommodationと呼ばれます。先生の前では標準語で話すという例が当てはまるでしょう。欧米人の上司に英語でかつ欧米スタイルで話す場合は当然です。逆に、上の者が下の者に合わせる場合は、Downward Accommodationとなります。大人が子供に話しかける時に子供っぽい話し方をすることが分かりやすい例でしょう。また、欧米人上司が日本人の部下のレベルに合わせた簡単な英語を話すことも当てはまります。これはForeighner talk（外国人向けの話し方）と呼ばれています。しかし、これが行き過ぎると相手に不快感を与えてしまうこともあります。たとえば、高齢者に分かりやすいようにと思い、あえて子供言葉で話すことがありますが、本人は不快に思っていることもあります。このことをOver Accommodationと呼びます。外資系企業に例を取ると、英語と日本語の切り替えの場合、言語と同時に談話スタイルも変わっていくことが予想されます。前述の通り、英語を話す時に、論理的に明確に話そうとしたり、ジョークを交えてみたり、手ぶり身振りを多用したり、することです。

　子供の成長過程に限らず、アシミレーションを文化変容全般に応用し、包括的にアカルチュレーション（Acculturation、文化変容）として説明したのは、異文化心理学者のジョン・ベリーです。移民や未開の部族などが他の文化と接触する時に、他の文化に同化していく場合をアシミレーション（Assimilation）、同化しない

で自身の元の文化に留まる場合を「離脱」を意味するセパレーション（Separation）と名付けました。そして、可能なオプションとして、自身の文化を保持しながら他の文化に適応することを「統合」を意味するインテグレーション（Integration）と名付けました。

　これらの分類にも様々な批判があるようですが、外資系企業に当てはめて考えると、外資系企業の言語や思考スタイルに適応できない場合をセパレーション、逆に、完全に外国語環境に同化してしまい、俗にいうところの「アメリカナイズ」されている場合などをアシミレーションということができます。

　では日本文化＋日本語とアメリカ文化＋英語を外資系企業という異文化環境でいかにして統合・インテグレーションしていけるでしょうか。たまたまキャパの大きい人は両方をバランスよく兼ね備えたり融合したりできるということでしょうか。異文化心理学でも、この統合・インテグレーションのプロセスは精緻に説明できていないように思います。実際的には、あちらを立てれば、こちらが立たず、というトレード・オフの関係にならざるを得ないとする主張が合理的ではないかと考えられます。二つの言語と文化を統合しているのではなく、むしろ、二つの言語と文化を場面に応じて切り替えている、すなわちコード・スイッチングを頻繁に行っていると考えられるのではないでしょうか。

**参考文献**
• 馬場今日子・新多了（2016）『はじめての第二言語習得論講義 ― 英語学習への複眼的アプローチ』大修館書店
• 白井恭弘（2008）『外国語学習の科学 ― 第二言語習得論とは何か』岩波書店
• Lightbown, P.M. & Spada, N.（2013）How Languages are Learned, fourth edition, Oxford Handbooks for Language Teachers
• Schmitt, N.（2010）An Introduction to Applied Linguistics, Hodder Education
• 中村桃子（2021）『「自分らしさ」と日本語』筑摩書房
• B.L. ウォーフ、池上嘉彦訳（1993）『言語・思考・現実』講談社

- 石黒圭（2013）『日本語は「空気」が決める：社会言語学入門』光文社
- Giles, H., Coupland, N., & Coupland, J.（1991）. Accommodation theory：Communication, context, and consequence. In Giles, H., Coupland, N., & Coupland, J.（Eds.）, *Contexts of accommodation. Developments in applied sociolinguistics*（pp.1-68）. Cambridge University Press
- Giles, H., & Ogay, T.（2007）. Communication accommodation theory. In Whaley, B.B., & Samter, W.（Eds.）, *Explaining communication：Contemporary theories and exemplars*（pp.293-310）. Lawrence Erlbaum.
- Ylanne, V.（2000）. Communication accommodation theory, In Spencer-Oatey, H., *Culturally speaking：Culture, communication and politeness theory*（pp.164-186）. MPG Books.
- 渡辺文夫（2002）『異文化と関わる心理学：グローバリゼーションの時代を生きるために』サイエンス社
- Berry, J.W.（2019）. *Acculturation：A personal journey across cultures*. Cambridge University Press.
- Berry, J.W., Poortinga, Y.H., Segall, M.H., & Dasen, P.R.（2002）. *Cross-cultural psychology：Research and applications 2nd ed*. Cambridge University Press.

## 2 マルチ・ハイブリッド翻訳言語としての 日本語

　ここでは、漢語と英語翻訳語の混在したマルチ・ハイブリッド言語としての日本語の特性と特徴についてお話します。外国語を語るには日本語の理解が必要ですし、読者のみなさんが普段使っている日本語観が揺らぐかもしれませんが、日本語をマルチ・ハイブリッド言語としてとらえると、我々日本人の日本語表現の特異性とその文化的影響が透けて見えてくると思います。また、実は日本人は日常的に頻繁にコード・スイッチングをしていることも明らかになってきます。

### 英語と日本語

　外資系の世界と言語の関わりを深堀りする前に、英語と日本語のおさらいをしておきましょう。英語や日本語の文法がどうのという話ではありませんし、言語の性格の違いがいかに表現スタイルに影響するかを考えるには非常に重要ですので、少し我慢して読み進めてください。

　それぞれの言語は構造が異なり、特質があります。たとえば、英語の場合は主語・動詞・目的語がほとんどの場合、明示されるのに対して、日本語では、主語の省略が頻繁に起こりますし、時には目的語も省略されたり、曖昧にされたりします。主語が明示される場合でも、日本語では自分のことを私、俺、僕、小生、小職、オイラなど、様々な言い方が可能ですが、英語ではほとんど "I" で間に合います。また、後で述べますように、男性ことばと女性ことばもあり、微妙なジェンダーの違いが表現できるのですが、言葉が性差を強調しすぎる面も否めません。

このような理由で、日本語は外国人から見れば複雑怪奇な言語と思われても仕方がありません。それに引き換え、英語はある意味で平等性の高い言語と言えると思います。もちろん丁寧な表現や、婉曲表現、また、男性らしい、あるいは女性らしい言い回しはありますが、日本語の比ではありません。

　文化的な違いが言語にも色濃く影響しています。たとえば、米国のように多民族の共存があたりまえの国では、共有される歴史、常識、慣例などに頼ることができないので、できるだけ言葉で表現する必要があります。このことをロー・コンテクスト（Low context）の文化と言いますが、同質性が低く、共有されている背景知識が限定的であるという意味です。ですので、背景知識が不足していても、誤解されないように表現することが望まれます。それに対して、日本語は、大多数の国民が共有している知識や経験の割合が高い、つまり同質性が高いので、ハイ・コンテクスト（High context）の文化と言われます。いわゆる「阿吽（あうん）の呼吸」や、「行間を読む（英語にも、Read between the lines. という表現はあるんですけど）」、「空気を読む（または、読めない）」などが自然と通用する社会と言語であるのです。他の言語では、英語と日本語の中間に位置する言語も存在しますが、概して、欧米語はロー・コンテクスト言語、アジアの諸語はハイ・コンテクスト言語に分類されることが多そうです。日本語は最もハイ・コンテクストな言語で、英語（特に米語）はロー・コンテクストな言語と言えますが、このことが我々日本人の英語学習にとって見えない障壁となっていると言えます。また、二か国語を駆使して仕事をする外資系企業のマネージャーや通訳の職務を遂行する際に、語学力とは別のスキルや熟練が要求される理由でもあるのです。ですから、ハイ・コンテクストな内容の日本語を一度背景知識や常識のレベルまで加えてロー・コンテクストな内容に頭の中で再構

成して、英語の文に仕上げる必要があります。このことを無視して「直訳」しても、何のことやら分からないという英語になってしまうのです。逆に、ロー・コンテクストな英語の文をそのまま日本語にすると、機械翻訳のような日本語になって、かえって意味不明になってしまったりします。

### 第一次日本語革命：漢語・漢字の流入

　みなさんご存じの通り、日本語は独自の進化をたどってきた言語ですが、その起源ははっきりしていません。間違いないことは、もともとは文字を持たず、千数百年前に中国から政治制度や仏教、儒教などとともに漢字を導入して、そこから平仮名やカタカナを編み出して、日本語の音を文字に置き換えたことです。これは、おそらく当時としても壮大な変化で、政治制度や社会制度、宗教や学術、文芸に至るまで、社会がひっくり返る変化であったことでしょう。もちろん、公的教育制度が未熟な時代ですから、変化を体感したのは上層階級や支配階層でしたでしょうし、漢字やそれに付随する概念を駆使できることは、当時の特権であったことでしょう。中国から多くの文物とともに僧や学者が大和の国に渡来し、渡来人としてエリート階級の一角を占めていたようです。

　文化が革命的に変化すれば、それに連れて人々の使う言葉の概念体系も徐々に変わってしまいます。これが日本語の歴史における第一の言語革命と位置づけてもいいと思います。途中でキリシタン文化が日本への浸透を試みますが、部分的にしか成功せず、最後は豊臣秀吉と徳川幕府によって禁教扱いされてしまい、言語の浸透も一部のポルトガル語語彙など限定的なものとなってしまいました。漢語の輸入概念は江戸時代にかけて武士階級や商人や庶民まで藩校や寺子屋を通じて浸透していき、日本文化の中に消化吸収されますが、お上の言葉である漢語・漢文と庶民の大和言葉

の二重性のある言語構造は変わらなかったことでしょう。

## 第二次日本語革命：翻訳語の発明

　日本語の第二の言語革命は、第一の言語革命から千数百年後の明治維新に起きます。文明開化の時期に蒸気機関や電信などが輸入されますが、最大の輸入は、言語の輸入ではないでしょうか。明治政府は多くの日本人を欧米に派遣し、また多くの外国人を教育機関や政府機関に登用して、欧米の文明と文化を吸収することに腐心しました。それによって明治のエリートたちは欧米文化を一気に消化して日本の社会や政治の改革に邁進することになります。

　しかし、おそらくそれだけでは日本人全体の西欧化は達成できなかったのではないかと思います。西洋文明を広く普及されるため、明治維新の福沢諭吉や西周などの偉人たちは、それまでの日本には存在しなかった西欧の政治、社会、文化の概念を導入するに際し、既存の日本語や漢語で置き換えるのではなく、漢字を工夫して翻訳語として創出していったのです。鈴木修次は『漢語と日本人』（1978年）で、以下のように説明しています。

　　　　現在われわれが、無意識のうちに使っている学術用語や、近代文明に関する漢語の多くは、実は日本人によってくふうされたものだと考えてもよいほどなのである。…「鉄道」「電信」「電話」「電報」「郵便」…［西周の『百学連環』には］「学術」「技術」「芸術」「文学」「哲学」「心理学」「生理学」「地理学」「物理学」「化学」「天文学」「地質学」「鉱物学」「植物学」「動物学」などの訳語がくふうされている。…『百学連環』には、「観察」「試験」「実験」などの教育的なことばや、「演繹」「帰納」などの哲学的なことば、「口碑」「散文」などの文学的なことば、「政府」「立法」「行政」な

どの政治学的なことばも見られる。…「思想」「文化」「文明」…「経済」「教育」「社会」「進歩」「流行」「構造」「規則」…中国古典語のなかの語彙を取り上げて、それを新しい概念を持つことばとして再生させ、近代社会に適合することばとしてよみがえらせたのは、明治以降の日本の知識人の大きな功績である。…「科学」「医学」「概論」「現象」「批評」「象徴」なども、日本人がくふうした日本漢語である。

加藤周一（1993）も西周の訳語がその後の哲学的思想や、その後の日本の社会や文化にとって、決定的な役割を果たしたことを指摘しています。

われわれが、「西周の訳語を用いずに、現象を観察し、抽象し、概念を定義し、分類して、理性的な命題を合成することはできない。すなわち一般的に哲学的な思考は不可能である」というとき、傍点［*］の単語はすべて彼の訳語である。それが中国の古典に拠るか拠らぬか、拠るとして元の意味がどういうものであったかは、今日ほとんど忘れられ、訳語としての意味だけが生きている。明治初期の訳語を吸収することで、日本語は変わった。その主として訳語からなる語彙を前提としないで、近代日本の社会と文化を考えることはできない。

［*現象、観察、抽象、概念、定義、分類、理性、命題、合成、哲学、思考］
（加藤、1993、pp.364-365）

それがどの程度のインパクトのある話なのか、を示しますと、たとえば平凡社百科事典（CD-ROM）の中の語彙を調査したところ、

なんと70～80％の熟語は翻訳語で、残りが漢語や和語でした。お
そらく新聞、雑誌、教科書、現代小説などでも大半は翻訳語で書
かれていると言っても過言ではないでしょう。言い換えれば、我々
日本人は翻訳語を通して西欧文明を取り入れて文明開化と明治維
新を成し遂げたばかりでなく、現代の社会的活動や日常的な思考
でさえ翻訳語に頼っているとも言えます。

　これは日本がアジアで最初に西欧化するために放った大ホーム
ランと言えるでしょう。余談になりますが、これらの翻訳漢字は
日本に遅れて西洋文明に触れていった韓国や中国およびその他の
アジアの国々にも日本への留学生を通じて移植され、アジアの文
明開化（西洋化）を加速させたとも言えるのです（鈴木修次、1981）。
翻訳漢字を導入した国（韓国、台湾、中国など）やそれらを使用
した中華系の人々の多い国々（シンガポール、マレーシア、タイ、
インドネシアなど）と、翻訳漢字を導入しなかったアジアの国々
（フィリピン、ラオス、ミャンマー、バングラディッシュ、ネパー
ルなど）の経済発展を比較して見ると、大きな差があることが、直
感的に理解できると思います。

## 翻訳語導入の副作用

　この翻訳語の大量導入にはいくつかの副作用があったのではな
いかと思います。ひとつは、もともとの英語と翻訳語の意味する
ところが、ずれてしまっていることです。たとえば、英語のsociety
は、自立した個人同士が集合した組織体を意味します。Oxford現
代英英辞典によると、1. people in general, living together in
communities, 2. a particular community of people who share
the same customs, laws, etc. 3. a group of people who join
together for a particular purpose, などとなっていて、個人の観
点が鮮明です。日本語の「社会」には個人の観点が欠落していま

す。「社会」はどうしても個人と対峙する「世間」の意味を含んでしまっているのでしょう。

　加藤（1993）は、原語と訳語の含意における食い違いは避け難く、翻訳された概念の上に築かれた文化の脆弱さと、翻訳文化における思想や文化の創造性の限界を指摘しています。

> 原語も訳語も、到底明瞭なdenotation［明示的な意味］に還元され得ず、間接の連想的な含意（connotation）を伴わざるをえない…原語と訳語との重大なずれは、connotationの水準でおこる。一文化が翻訳の上に築かれたということは、異文化の概念の含意をずらせて作ったもうひとつの概念の上に築かれたということである。…原語と訳語のconnotationのくいちがいには、二つの社会的習慣、二つの文化、二つの価値の体系のちがいが、実に鮮やかに映るのである。…翻訳文化の問題は…文化の創造性の問題に係る…（加藤、1993、pp.368-371）

　もうひとつの副作用は、便利な翻訳語が手に入って、比較的容易に欧米の文明や文化にアクセスできるようになったために、英語などの外国語を学ぶ動機が弱まったことでしょう。英語無しでは、大学教育が受けられない国々では、嫌でも必死に英語を勉強せざるを得ません。それが日本では、高校までは受験英語で英語の基礎は学びながら、大学では大半の学問は翻訳語で構成された日本語で間に合うことになってしまいました。もちろん、これはある種のトレード・オフですが、日本人の英語が苦手だという代償を後世に残すことになりました。大学院レベルになって英語文献を読むニーズが急に高まったり、最近では英語で講義を受けることになったり、また企業では海外事業に関わったり海外転勤し

てから慌てるのですが、それまでラクしてきたので多くの日本人はその段階で英語に苦労することになります。

このように現代の日本語は中国語から漢字を借用し、英語を翻訳語という漢字に置き換えることで、構成されているので、「マルチ・ハイブリッド翻訳言語」と呼んでもおかしくない言語であると思います。言語がマルチであることは、我々の思考経路もマルチであることを意味します。和語中心の日常会話の私的な世界と、ちょっと改まった漢語・翻訳語交じりの公的な世界を使い分けたり、行ったり来たりしている（つまりコード・スイッチングしている）のです。

極端な例を挙げるとお経です。お経はもともとサンスクリット語で書かれたものを漢語に翻訳されたものが日本に輸入されたものです。当然、当時の漢字で書かれていて、それを音読みしていくのですから、正直よく意味が分かりませんが、分からない方が何となくありがたく感じたりしてしまいます。また法律や学術論文などは、もともと明治時代の「輸入物」ですから翻訳語の独壇場で、素人の我々には理解しにくく、専門家のヘルプがないと正確に読みこなせません。

本来外国から新しい概念を持った言葉が導入された場合、それが翻訳語であれ、外来語であれ、違和感なく母国語の一部として取り込まれるには百年単位の時間が必要であろうと想像されます。おそらく漢語の日本の大衆社会への普及には数百年以上の時間が必要であったはずです。それが翻訳語の場合は教育とマスコミの発達によって、表面的な普及はきわめて短時間で完了してしまいました。

問題は、日本語においては、翻訳語が抽象的・専門的・論理的な学問概念から出発しているために、日常的・習慣的な思考のレベルとは心理的な断層が存在することです。これは、イギリスやア

メリカのように英語を主体としている国と比較した場合、大きく異なります。英語の場合は、ローマ帝国やノルマンディー朝の影響で、ギリシャ語・ラテン語やフランス語の大量移植が行われたりしたことはありますが、千数百年の月日を経て、もはや、それらの外国語は英語化してしまったといって良いでしょう。このことを除けば英語は外国語や外来語や翻訳語の影響が非常に少ない言語と言えます。日常的習慣的な概念や思考ばかりでなく、抽象的・論理的なそれにおいても、かなりの程度において、英語のみで構成することがほぼ可能です。

　ただし、ラテン語やギリシャ語語源の支配的な学術用語は例外です。鈴木孝夫（1990）によると、英語においては、学術専門用語などの高級語彙については、日常的に使われる英語とはほとんど何の意味的つながりがないため、専門外の人間がそれらの語彙の意味を理解することはおろか、推測することさえ、容易ではないといいます。対照的に、ドイツ語の場合は学術用語などの高級語彙においても、ほぼドイツ語のみで済ますことができるということです。この違いが、日本と英米、そしてドイツの言語文化に大きく影響していると考えられます。

**標準語と方言**

　翻訳語の大量導入と口語と文語の統合（言文一致）による標準語の確立は学校義務教育の普及により、急速に全国民に広がっていきました。しかし、標準語は「明治期の言文一致の運動や国語調査委員会といった機関の活動を通して流布され定着した経緯がある」（滝浦、2013）と指摘されるように「作られた言葉」であるらしいのです。いわゆる標準語は、漢語・翻訳語交じりで構成されているのですが、その標準語の公的な世界にいる時は、我々は「です・ます」調のよそ行きの言い回しを使ったりするので、少し

違和感があり、心理的に緊張を強いられます。標準語は明治以降に構築された表現形式ですから、違和感があるのは当然です。

　では、方言はどうでしょうか？　もちろん文明開化以降、方言にも翻訳語は混入しているので、純粋な和語・漢語ベースの方言は、もはや存在しないと思われます。しかし、標準語に比べると、方言の方が口語表現をベースにしていることもあり、感情表現など我々にしっくりくるものがあります。分かりやすい例が、漫才やお笑い芸人でメディアを席巻している関西弁です。なぜ、関西弁の芸人がこれだけ全国区で受け入れられたのか、おそらくそれが反標準語であり庶民語の代表として全国の視聴者に歓迎されているからではないでしょうか？　もちろん、関西弁だけではなく、東京（江戸）弁、東北方言、群馬・栃木方言、博多弁などの九州方言、名古屋弁など、様々な方言をウリにした芸人さんたちが活躍していますが、標準語で漫才やコントをしても、それ自体が気取った役とか、公的な役割を演じている場合を除いて、聴衆の笑いを誘うことは少ないでしょう。

　関西人は例外的に東京に転居しても標準語もあまり話しませんが、一般的には、地方から出てきて東京で暮らす場合は、標準語をマスターするようになっていきます。特に学校や会社では、公的には標準語を読み書き、話すことが社会での最低限のスキルとなっていき、標準語を操れないものは、未熟者の烙印を押されてしまいます。私的には標準語を話さないと肩身の狭い思いをしたりします。

　ですから、私のような地方出身者はみんな相手に応じて、標準語と地方方言を切り替えるスキルを会得していきます。自分自身も東京に出てきてから、標準語がメインの生活に変わり、里帰りした時だけ紀州弁にギアチェンジすることになり、数年すると田舎で紀州弁を使うことのほうに違和感を覚えるようになっていき

ました。ギアチェンジがスムーズにできず、標準語に同化されはじめていたのでしょう。そうなってから、田舎から親や友人が出てきて、東京の知人に合わせたりすると、どちらの言葉でコミュニケーションをとればいいのか、大いに戸惑ったものです。

## 女ことばと男ことば

　敬語と並んで日本語の特徴であると言われるのは、いわゆる「女ことば」と「男ことば」の違いと使い分けです。確かに英語でもFeminine（女性らしい）表現や、Masculine（男性らしい）表現はあるようですが、日本語のように文字で見ても分かるほど明確なものではないと思います。たとえば、「〜かしら」、「〜わよ」、「〜だわ」というような文末の表現が代表的です。

　しかし、中村（2013）が指摘しているように、これらの「女ことば」は、現実にはほとんど使用されておらず、特定の条件のもとでのみ聞かれる表現であるようです。典型的には、小説やテレビ、映画の字幕やアテレコの際の女性のセリフや発言の翻訳の場合の表現に使われます。この現象について中村（2013）の『翻訳がつくる日本語』で詳しく述べられていますので、そちらを参照願いたいと思いますが、要は、翻訳者が女性を表現する時に、翻訳者の頭の中にある女性像というか女性のアイデンティティをベースにして、翻訳文を構築している、という見方です。同じことは、男ことばにも当てはまり、「〜だよ」とか「〜さ」というキザな言い回しがセリフに充てられたりします。しかし、現実にはこれらの表現は、冗談半分に茶化したりする場合以外はほとんど使われず、特に若い年代では、女性は「わたし」、男性は「ぼく、俺」という常識も薄れかけているようです。

　これらの現象をどう解釈すればいいのでしょうか。私は、方言と同じで「女ことば」も「男ことば」も標準語という、ある種の

ユニセックス言語に同化されつつあるのではないか、と考えます。これは良いか悪いか、という問題ではなく、男女のパワーバランスの変化や平等意識の進展に加えて、テレビなどメディアから大量に流れ出る標準語による同化作用ではないかと考えます。

## 敬語は何のためか

　日本語の特徴として敬語表現があります。日本は「タテ社会」と言われますが、知らず知らずのうちに敬語によって上下関係まで影響されるのです。尊敬語、謙譲語、丁寧語などの敬語体系が社会構造に影響しているのです。敬語の話のついでに、言語学で言う「ポライトネス」について書き加えておきます。「ポライトネス」は文字通り「丁寧さ」あるいは「丁寧表現」を指します。英語でも丁寧表現は多くありますし、日本語の敬語も「ポライトネス」の体系で論じられることがあります。

　程度の差はあっても、「ポライトネス」も敬語も話す相手に対する敬意をベースにしていると考えられがちですが、そこは議論のあるところです。相手に対して敬意がベースにあるから「ポライトネス」も敬語も発話されると主張されることもあれば、敬意のあるなしではなく、むしろ相手との親疎関係によって、より「ポライトネス」や敬語表現が使われるとする主張（滝浦、2013）もあり、どうやらこちらが一般的です。上司と部下、教授と学生、先輩と後輩、あるいは昔の親と子供、顧客と店員など上下関係がある場合、敬意がなくても「ポライトネス」や敬語が使われるのが一般的でしょう。逆に、友人などのように社会的距離が近くなって、お互いに気心が知れてくると、「ポライトネス」や敬語表現が影をひそめ、くだけた表現や「ため口」になったりすることになるでしょう。

　そういう意味では、日本人が丁寧な国民で、特に外国人をおも

てなしの心で迎えることは素晴らしい、という表現にも疑問が出てきます。丁寧なのも、おもてなしをするのも相手と距離があるからであって、親しみをもっているからではないし、敬意をもっている訳でもない。そういうことに外国人が気づくと、急に覚めてしまうことがあるそうです。また、最近の若者は、飲み会や会社のイベントに付き合わない、と言われますが、それは単にそれらが楽しくないだけではなく、個人の時間まで敬語をつかって社会的距離を意識し続けることに対して拒絶反応を起こしているからではないでしょうか。個人の時間くらいは、社会的距離の近い人たちと過ごすことで自分らしく時間を過ごすことができるのです。

## 「タテマエ」と「ホンネ」

このようなマルチ言語環境は日本人の言語活動に大きな影響を及ぼしていることは疑いの余地がありません。たとえば、いわゆる「タテマエ」と「ホンネ」や「察しの文化」も、この言語のマルチ構造に起因しているのではと考えられます。公的な言葉である漢語や翻訳語を多く使った標準語による「タテマエ」と、和語中心の私的な口語や方言の世界で使われる「ホンネ」が異なるのは自然の成り行きです。「タテマエ」はあくまで漢語や翻訳語に敬語の裃（かみしも）をつけた時の話であって、自分の感覚にはしっくりしないけれども、その場でノーと言うのは角が立つし、無粋でもあるので、とりあえずスルーしておくのです。後で仲間内になると和語や方言の世界で「ホンネ」が自然と漏れ出てくるのです。漢語や翻訳語主体の標準語で公的には言えない「ホンネ」の私的な考えや思いを、口に出さなくても「察して」ほしいということも分かります。また、「タテマエ」がいかにも「タテマエ」であることが悟られていることも多く、たいていの場合にはお互

いの腹芸で事が公に進み、「ホンネ」では、「悪いようにはせぬ」ということになったりもするようです。

　まとめますと、日本語は「純正」ではなく、図4に示すような和語と漢語と英語翻訳語をミックスしたマルチ・ハイブリッド言語なのです。われわれ日本人はこのマルチ・ハイブリッド言語をコード・スイッチングしながら使いこなしているのです。ここに日本語の最大の特徴があり、日本の文化と日本人の複雑な精神構造の根本が宿っていると考えられます。

図4：日本語のマルチ・ハイブリッド言語モデル

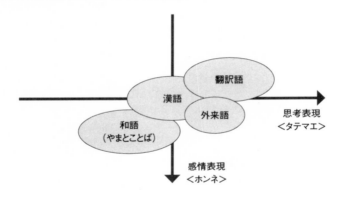

**参考文献**
・石川九楊（1999）『二重言語国家・日本』NHKブックス
・柳父章（1982）『翻訳語成立事情』岩波書店
・飛田良文（2002）『明治生まれの日本語』淡交社
・鈴木修次（1978）『漢語と日本人』みすず書房
・鈴木修次（1981）『日本漢語と中国 ― 漢字文化圏の近代化』中央公論社
・鈴木孝夫（1990）『日本語と外国語』岩波書店
・加藤周一（1993）「明治初期の翻訳」、『日本近代思想体系15 翻訳の思想』岩波書店
・滝浦真人（2013）『日本語は親しさを伝えられるか』岩波書店
・中村桃子（2013）『翻訳がつくる日本語：ヒロインは「女ことば」を話し続ける』
　白澤社

# 3 | 英語教育の課題と未来

　さて、次に混迷する日本の英語教育について考えます。遠回りになりますが、英語教育の課題と今後の方向性を理解することは、企業などで実務的にコード・スイッチングしながら英語を使ったコミュニケーションする場面について考える際には重要なヒントを与えてくれます。

## 英語教育の問題点

　これまでの日本の英語教育は様々な改善が検討され、実施されながら、英語運用能力向上という点については、大きな成果をもたらすに至っておらず、国際的にみても日本人の英語能力は低水準のままとなっています。現在の日本における英語教育を文化の観点で検討すると、以下のような問題点が浮かび上がります：

1. 英米文化至上主義：明治以降、英米から文明を取り入れたことを考えれば、やむを得ないことですが、学校教育においては基本的に英米語偏重となっています。日本人の英語使用現場は、特に海外展開するビジネスやインバウンド観光客や労働者など、英語が第一言語であるInner Circleの地域から、英語が第二公用語のひとつであるOuter Circleや英語が非公用語であるが広く教育され使用されているExpanding Circleの地域に比重が移行しているにも関わらず、大学英語教育においても、英米文学や英語原書が主教材として使用されることが多く、国際英語は軽視されています。高校生や大学生の短期留学先も英米豪・ニュージーランドなどの英米語圏が推奨さ

れているのが現状です。

2. ネイティブ講師至上主義：英米文化至上主義の延長ですが、Inner Circle の英米ネイティブを理想や目標とする英語教育が行われています。発音やイディオムからジョーク、スラングに至るまで、英米人のように話せることが暗黙の裡に最終目標として設定されています。したがって Expanding Circle の日本人や Outer Circle の外国人は、英語教師や講師としては、Inner Circle 出身の英米ネイティブと比べて格が落ち、理想的ではないと考えられているのです。

3. 受け身英語至上主義：長く英語教育は Grammar-Translation Method（訳読＋文法）が中心でしたが、ようやくリスニング授業も普及し始めています。しかし、いまだに受信中心の受け身英語の域を出ていません。ライティングやスピーキングなど発信型授業の必要性が叫ばれて久しいのですが、教師の質や能力的にリソースは絶対的に不足しています。必要に迫られた時に英会話学校に駆け込むことになるわけです。

4. 教室内集団均一レッスン至上主義：英語学習が教室内だけで完結してしまい、実生活と関わりの乏しい内容の英語となってしまっています。結果として、教える側も安易に受験準備のための英語授業になってしまっているのです。教室外で現実の異文化空間との関わりが持てる場については、量的にも質的にもまったく不十分と言わざるを得ません。

### 英語帝国主義とネイティブ信仰からの脱却

あまり公に言及されることはないのですが、英語教育あるいは英会話教育は英国と米国にとって非常に重要な輸出産業です。教材や書籍ばかりでなく、世界各国にある学校や英会話学校で働く教師やインストラクターの存在も無視できません。これらの経済

的インパクトは非常に大きいのですが、何より重要なのは、英語という言語を通じて欧米文化が世界中に伝達されていることです。英語の教材の中身は最近でこそバラエティーに富んでいますが、一昔前は、英米事情ばかりでした。ニューヨークやロンドンでの暮らしや仕事、観光など、さながら英米文化案内という観がありました。特に"American ways of life"が色濃く紹介されていたと記憶します。

　英米の言語である英語を学ぶのですから、その背景としてイギリスやアメリカの生活や文化があるのは当然ではないか、と思われるかもしれませんが、そこには政治的、戦略的意図がある、と見る向きもあります。世界の七つの海を制覇した大英帝国や戦後世界の覇権を独り占めした米国は、自分たちの文化をスタンダードとして世界にアピールし、その文化を理想として他国が英米を崇めるようにプロパガンダを繰り返し、その一環として英語教育を利用したのだ、というのです。これはMI6かCIAまがいの怖いお話ですが、ずいぶん前から指摘されています。1960年に来日して、日本の大学で教鞭を取っていたダグラス・ラミス氏は、その著書『イデオロギーとしての英会話』の中で、「英会話」教育の中に組み込まれた文化帝国主義的な発想と背景を痛烈に批判しています。

　このことは英語教育ばかりでなく、テレビドラマやハリウッド映画などでも同じことが言えます。アメリカの中流階級の豊かな生活がブラウン管やスクリーンに映し出されて、敗戦国の子供や若者の脳裏に焼き付けていったのでしょう。もちろんそれらは物質文明、大量消費社会、その当時の白人男性至上主義などの色濃いものだったでしょう。しばらくして、世界の潮流が変わり、テレビやスクリーンでは多様性・多文化の色彩に変化していきました。前述したAffirmative Actionにより、女性や有色人種が主要

な出演者の一定割合を占めるようにされていき、今日に至っています。

　しかし、こと英会話・英語教育の世界では、相変わらず、ニューヨークやロンドンが主な舞台になることが多いようです。前述の通り、英米に加えてオーストラリア、ニュージーランドやカナダなどの「英語ネイティブ」のInner Circleの人口は、インド、フィリピン、シンガポールなどのように英語を第二公用語としているOuter Circleや、EUやアジアの国々のように外国語として学んだり使用したりするExpanding Circleの人口よりも少なくなっています。

　世界の言語となった英語を学ぶには、英米文化やそれを体現したネイティブのイギリス人やアメリカ人だけを理想とした学習方法を変えていく必要があります。もはや「ネイティブ・イングリッシュ」という表現も死語にされるべきものだと考えます。ところが相変わらず英会話学校でも高校や大学でも英米英語を教え、ネイティブ英米人による英語による指導が理想であるとの観念から脱却できていません。「ネイティブのように流暢できれいな発音」ができることが英語学習の勲章となっているのです。英米でしか通用しないイディオムやジョークやスラングなどが学内外の試験問題に採用されて学習させられます。ほとんどの先生方もそのような英語教育理念の元に英語を習得されてきたのでしょうから、やむをえませんが、そんなネイティブ神話の呪縛から解き放たれるべき時期にきているのではないでしょうか。我々日本人のための英語と日本人による英語教育を確立していかない限り、真の意味で、世界で通用する英語の習得は達成されないと考えます。


**幼児・児童早期英語教育の功罪：早ければ早いほどいいのか**

　日本でも小学5〜6年生の英語の授業が始まり、2020年からは

3〜4年生に引き下げが実施されました。一定以上の年齢になると言語習得が難しくなるとする「臨界期仮説」を根拠として英語学習を始めるのは若いほど良いと考えられていますが、臨界期の存在そのものは証明されていません。母語習得の臨界期について、言語機能が脳で出来上がる思春期を臨界期とする考えもあれば、4歳以前の臨界期が指摘されることもあります。第二言語習得の臨界期については、一律にある年齢の臨界期が存在するのではなく、言語の側面によって臨界期が異なる可能性が報告されています。たとえば発音は早期に習得されることが必要であり、文法については項目によって臨界期が異なるとされています。

　日本のように第二言語が使用されていない外国語学習環境においては、学習を開始する年齢は学習達成度に対して大きな影響がないことが報告されており、必ずしも早期言語教育が効果的とも言えない可能性を示唆しています。まして週に数時間の日本の小学校における英語授業時間程度では、早期英語教育の効果には疑問があります。

　子どもにとって英語を学習する意味は何かと考えるとき、子どもの時期にどれだけ英語が理解できるようになったかが重要なのではないと思います。むしろ、早期に英語に触れることで将来の学習に対する前向きの動機づけがなされるように配慮することが重要でしょう。ピアジェの認知発達理論にあるように子どもは周りの環境との接触を通して認知能力を高めていくと考えられます。したがって子どもの成長段階に応じて英語の教え方を変えていく必要があるのです。たとえば、小学生に対する英語教育においても全人的発達のため、世界と自分の位置関係を探究する姿勢が基本であるべきで、英語を通して異文化を理解し、異なる価値観に接触することで自分自身を内省的に把握することが可能になると考えられます。

英語教育の強化について文部科学省は有識者会議の結論として下記のように提言しています。

　　　国際共通語である英語力の向上は日本の将来にとって不可欠であり、アジアの中でトップクラスの英語力を目指すべきである。…現在、学校で学ぶ児童生徒が卒業後に社会で活躍するであろう2050（平成62）年頃には、…外国語を用いたコミュニケーションを行う機会が格段に増えることが想定される。

　　　（文部科学省ホームページ、http://www.mext.go.jp/b_menu/shingi/chousa/
　　　shotou/102/houkoku/attach/1352464.htm、下線は著者による）

　つまり、英語教育の強化と早期化の理由として、

• 国際競争力を確保するために、特に21世紀のグローバル市場で今まで以上に激しい競合が予想される中国、韓国、インドなどのアジア諸国と比較して、英語力で上回らないといけないこと
• 将来の日本において人口減少が引き金となり外国人人材の受け入れと実質的な移民政策の転換によって一層多文化、多民族社会への道を歩み始めた時に英語コミュニケーション能力に劣ることが障害にならないようにすること

などが示唆されているのです。それらの目的を達成するための手段の一環として早期英語教育の推進が図られ、日本の小学校においては、2011年より5・6年生で年間35時間の外国語活動が新設され必修化されたわけです。さらに、2020年からは、3・4年生で年間35時間の外国語活動が義務化され、5・6年生では成績評価の対象となる教科として年間75時間が義務化されたのです。

英語教育全般を強化する教育政策の一環として早期英語教育を推進するメリットを列記すると下記のようになります。

- 早期に英語の学習を始めたほうが発音を始め英語の諸相について習得しやすい（S.Brown & J.Larson-Hall, 2012, Chap.1, pp.12-14）
- 思考力が向上する時期に英語を学習したほうが、英語的な論理や発想が身に付きやすく（例、主語、目的語が明確）、ひいては児童の発信力や主体性が向上される
- 早い段階で英語に触れることで、中学、高校、大学での英語学習を効果的に加速させることができ、「小中高の長いスパンで英語教育をとらえる」（岡・金森、2012,p.27）ことができる
- 英語の早期教育を義務化することで、一部の児童だけが学習塾などで早期に英語を学習し、優位になることを避けることができる

　しかし、早期英語教育には下記のように問題点も多く指摘されています。

- 英語教科が既存の授業時間に付加されるため、特に学習能力に劣る児童の場合、国語を始め他の教科の学習にマイナスの影響がでる（施、2015、pp.183-185）
- 英語的なロジックと自己主張が優先して教えられ、「思いやり」や「気配り」の道徳や「日本らしさ」が蔑ろにされる（施、2015、pp.171-174）
- 小学校教師の英語コミュニケーション能力は絶対的に低く、中途半端な英語教育しかできなければ、児童の英語への興味を反って削いでしまう

- 将来的にも国民の大多数にとって英語力が必須の世の中になることはないので「無駄であるだけでなく効率も悪い」（鈴木、2005、p.192）
- 英語学習塾などへの教育投資がさらに加速され、家計の負担が増し、ひいては英語力による経済格差を助長する

　早期英語教育を推進するためにはこれらの課題に対して解決策を提示するか、問題の影響を和らげる手段が提示される必要があるでしょう。まず、他の教科、とりわけ国語能力の低下の懸念に対しては、英語と日本語を統合的に教育することで、総体的な言語能力の向上についてシナジー効果をもたらすことが望まれます。英語を学習することで日本語の特徴を感じ取り、理解していくことが重要です。

　次に、小学校教員の英語能力向上は喫緊の課題ですが、短期的に英語能力向上は望めない以上、外部の実務経験者などを特例として教員補佐として採用するなど、量的な「インプットの充実」と質的な「動機づけを高める」面で臨時的な手段を柔軟に講じる必要があるでしょう。その際、安易にネイティブ教員の増加を図る必要はないのです。前述のとおり、「ネイティブのような発音は目標として不適切」であるからです。（バトラー・後藤、2015、p.172）

　早期英語教育は日本の国家戦略として、また社会的ニーズの観点から必要性が高まることは疑いがないところであります。しかしながら、中央教育審議会が小学校での英語教育の目的とする「国際社会におけるコミュニケーション能力の育成」と「異文化理解」、ひいては「他者の理解」と「自己の確立」（岡・金森、2012, p.14）を目指すのであれば、上記に指摘したような問題点に対して具体的な対応策を準備し、個々の生徒の成長に配慮しながら慎重に実

行していくことが望まれます。一律に英語教育を早期化すること
に対しては、費用対効果の問題と学習能力レベルの異なる児童へ
の配慮が必要ですから、柔軟な運用を検討すべきでしょう。その
意味で、たとえば児童の英語教科については目的別、レベル別の
選択制にすることも考慮すべきである、という意見もあります（鈴
木、2005、p.192）。

## イマージョン英語教育の功罪：「英語で考える」ことは現実的か

　日本には英語で生活する環境はないのだから、日本人は英語が
上手くならないのだ、という主張があります。英語環境がないこ
とは英語習得に不利であることは当然ですが、それで無理やり英
語環境を作り、日本に居ながら英語で勉強したり、英語だけで生
活したりすることが実践されています。一部の高校で行われてい
る「イマージョン教育（immersion program：没入法）」では、文
字通り「英語漬け」ですべての教科の学習が進められているそう
です。同様の実験的試みは日本だけではなく、同じく英語環境の
少ない韓国などでも実施されているそうです。

　このイマージョン教育にも賛否両論があります。確かに英語で
すべての教科を学べば、多様な英語の語彙が知識とともに吸収さ
れる可能性は高いでしょう。しかし、日本語で学ぶ場合と比較し
て理解度が十分かどうか、という課題があります。また、教科を
学ぶということは、単に知識の吸収だけではなく、物事の見方や
考え方を養うわけですから、それが日本語ではなく英語で達成で
きるのか、という問題です。もし、幼少期から英語がメイン、日
本語がサブというバイリンガル養育を受けていたのであれば、英
語で考えることは可能かもしれませんし、合理的であるかもしれ
ません。しかし、大半の日本人の子供は日本語をメイン言語とし
て育ちます。その道半ばで英語漬けの環境に掘りこまれたら、何

が起こるでしょう。思考は混乱し、感性も乱れることが懸念されます。最悪、アイデンティティ・クライシスを起こすのではないでしょうか。もちろんバイリンガル、あるいはマルチ・リンガル（多言語話者）であることは、素晴らしいことですし、多くのバイリンガル養育の成功例があると聞いています。しかし、失敗例となるとなかなか注目されることなく、闇に葬り去られているのではないでしょうか。

　では、やはり「英語で考える」ということは、完全バイリンガルでもない言語習得の臨界期を過ぎてしまった大人には不可能なのでしょうか？　理想的には「英語脳」なるものを作り上げればいいのですが、膨大な努力を要することは明らかです。しかも、脳科学によると母語（日本人の場合は日本語）は左脳の言語野に格納されているのですが、後で習った言語（たとえば英語）は右脳のどこかに格納されるそうです。そして、ここからが怖い話なのですが、左脳にある母語（日本語）はしばらく使わなくても、まず忘れることがないのですが、右脳にある外国語（英語）は使わないとドンドン忘れてしまうらしいのです。これは「英語で考えて、英語脳を作る」という努力を否定するものではありませんが、「ネイティブ」英米人になりたい方を除いて、費用（労力）対効果をよく考えた方がよろしいかと思います。また、「英語脳」を構築することで、日本語による思考能力を犠牲にしてしまうリスクもあることにも留意する必要があります。

**国際英語教育への転換**

　明治時代以降1980年代までは、大学で英語を学ぶということはイコール英米文学を学ぶ、ということでした。英語学科を設置した大学もありましたが、多くは英文学部でした。これは多くの大学教授の方々が英米文学の研究を通じて英語を習得されてきたこ

とに起因していると思います。おそらく、日本の大学では従来、英米文学は学問でも、商業英語など実務的な英語を学ぶことは学問とは見なされなかったせいではないかと思います。その後次第に言語学の一部としての英語学や教育学の一部としての英語教育学が学問の仲間入りをしていったと想像します。

　1970年代以降の企業の海外進出を背景に、次第に経済界や経済産業省（以前の通商産業省）から、英語を話せる学生をもっと増やしてくれ、という要望が多くなり、英会話学校が流行りだしたことを横目に、文部科学省も重い腰を上げ始めます。悪名高い英文法や英文訳読中心の授業からLL教室を使ったオーディオリンガル方式の授業が高校や大学で始まり、聞き取りとオウム返しの音読をさせられたことを記憶する方も多いでしょう。中学校や高校では、膨大な予算をつけて、英米ネイティブの若者をALT（Assistant Language Teacher）として採用し、ネイティブ英語を体感できるようにしました。使える英語能力を標榜して実用英語検定やTOEICが登場しました。しかし、それらの施策や試験も、英語を話すことにはあまり効果を上げませんでした。

　次第に、コミュニカティブ教授法と称して、話すこと、意志を表現して伝達することに重点をおく英語指導法が提唱され始め、英語で英語の授業を行う試みが大学で始まり、最近では高校でも英語で授業ということが義務化されそうです。その中で英語だけを使ってディスカッションしたり、ディベートをしたりするそうですが、先生方と生徒の戸惑いと混乱が今から目に見えるようです。正直言って、授業として成り立つのか、大いに不安ですが、試みとしては価値があると思いますので、暖かく見守りたいと思います。

　このあたりの事情は、佐久間孝正（2015）に詳しく書かれていますので、興味のある方は読んでみてください。幼児教育から義

務教育まで、外国人居住者の増大により、手探りのグローバル化を余儀なくされている教育現場と、何が何でも英語で授業や講義に突き進む日本の教育の現状に警鐘を鳴らしています。

　前述の通り、英文学や英語教育系の学部の先生方は、基本的に英米英語と英米文化にもとづく英語を教えることになります。その場合、自ずと英米ネイティブを最終目標として位置づけて、そこに向けてどれだけ近づけることができるのか、が指導と学習の評価となってしまいます。英米ネイティブ指向が現在でも日本の英語教育の根本にあると言えるでしょう。しかし、前述の通り英語はもはや世界の言語になっています。しかも最近は通商貿易に限らず、インターネットの世界では、英語が共通語としての位置を確立しつつあると言っていいでしょう。逆に言いますと英米ネイティブ英語は英語の一部分に過ぎないのが現状なのです。

　そのような背景を元に、英語研究者の間から、English as a Lingua-franca（ELF）、「世界共通語としての国際英語」、という概念が生まれてきました。英米の歴史や文化的背景抜きに英語を実用的にコミュニケーションの道具として使うべきである、という発想です。英米でしか通用しないスラングやジョークやイディオムを覚えることにエネルギーを使うのではなく、自分の意志を伝えるためのコミュニケーション能力に重点をおくのです。ELFの主導者の一人であるジェンキンス（Jennifer Jenkins）は、必要最小限の発音として、Linga-franca core を提唱して、日本人が苦手とする "r" と "l" の区別や "th" の発音など無視しても良いとしています。現在のところ、これがELF英語だ、と明確に定義しきれていませんが、いずれ標準ELF英語として確立されていくと予想します。

　次に、将来の日本の英語教育をどう構想し、文化をどう位置づけるかを考えてみましょう。30年後の2050年代に世界はどのよう

に変化しているかを考えると、まず欧米の相対的存在感は、人口的、政治的、経済的、文化的にさらに低下すると考えられるでしょう。アジアに続いて中近東、東ヨーロッパ、アフリカの存在感はあらゆる次元で高まることは間違いないと思います。次に、世界のネットワークの密度やコミュニケーションの頻度は飛躍的に高まり、その中で英語の存在感は高まることはあっても、低下することはないであろうことも想像できます。結果として、英語の国際言語化と多様化は、現在以上に急激に進行するであろうことは間違いありません。

　そのような2050年代の世界を念頭において、日本の英語教育を文化の観点で構想してみます。まず、英米圏であるInner Circleの文化を題材とした英米語教育と、英語を第二言語とするOuter Circleや英語を外国語として使用するExpanding Circleの地域の文化を題材としたELF英語教育に分割してカリキュラムを編成することです。ただし、小中高の段階ではELF英語を中心に学び、大学以降については英米語教育とELF英語教育を選択できるようにします。当然ながら、ELF英語の中にもその一部として英米語の要素を含ませることになります。また、ELF英語教育では日本文化を題材とした教材も豊富に含まれることにします。大学レベルで英米語教育とELF英語教育に分化させると同時に、どちらのコースにもそれぞれの専門分野（ディスコース・コミュニティと呼びます）に対応する英語プログラムを充実させるのです。

　次に、小中高のELF英語教育における指導体制は日本人教師とALTが共同して取り組む方法を継続しますが、ALTはInner Circleからのネイティブに限らず、広くOuter Circleや日本人を含むExpanding Circleの地域からも導入し、多様な英語と多様な文化により多く触れることを目的とするべきです。もちろん、日本的文化を題材とする場合は日本人教師が最適であるから、日本

人教師が日本的英語であっても、堂々と発信し、表現することが期待されます。基礎的な英語学習が小学校から中学1〜2年で終了すると仮定して、それ以降は会話中心のCommunicative Language Teachingを主体として、部分的に現実の世界の題材をベースにしたContent-based InstructionやTask-based Teachingを組み合わせて、発信型中心の授業とするべきです。この場合も、一義的には自分自身（個人の文化）についての発信から始め、自分の周りの環境（家族、友人や地域の文化）に拡大し、日本や世界について社会的、文化的な意見や考えを発信するとともに、他の生徒や教師・ALTと意見交換できるディスコース主体の授業とするべきと考えます。

　また、教室内での授業だけで英語能力の創発的向上は望めないでしょうから、特に日本のようなExpanding Circleの地域では、教室外での英語文化環境をどう整備し、生徒や学生の主体的な学習のために提供するかが課題です。おそらく長期的には訪日外国人の飛躍的増加や外国人労働者の積極的導入などで、教室外の英語文化環境は拡大していくと想像されますが、Outer Circleの地域並みの英語文化環境が存在することはないでしょう。

　期待されるのは、ICTやAIを活用した疑似英語文化環境の構築です。現在でもインターネット回線を利用した海外とのスカイプ交信は教育に取り上げられていることがありますが、日常的ではありません。今後30年間のICTの進化を考えると、個人レベルで生徒や学生が主体的かつ自由に海外のSNS仲間などとリアルタイムで交流することは容易であると想像できます。

　世界は急速に変容し多様化していくことは間違いありません。日本の英語教育も、これまでの英米文化圏中心の発想を拭い去り、ただ英語がネイティブ並みに話せることを目指すのではなく、将来の国際社会に貢献するために異文化に知見を持ち、ELF英語を

駆使できる人材をより多く育成することが肝要です。そのためには、単にスキルとしての英語ということ以前に、言語と文化の多様性についての教育プログラムが必要とされると思います。この「言葉と文化」とも言うべき科目で、日本語と外国語の違いや、発想や表現スタイルと文化との関わりなど、単語や文法を詰め込む前に学習するようにします。そうすることで将来、外国語が使えるようになった時に、コード・スイッチングできる素地が出来上がるのでは、と考えます。

## 目的別英語コースの提案

英語学者の鈴木孝夫（1999）は、英語は必ずしも全員が履修する必修科目である必要はなく、言語教育は多様化すべきであると主張しています。つまり、強制的な「バラ撒き英語教育」をやめて、英語教育の選択科目化を主張しているのです。彼は、英語教育を言語戦略的に「指導者」向けと「一般国民」向けに階層化するべきであるとも主張しています。

> 社会の指導的立場にたち、主として外国との接触を引き受ける人々と、一般の国民という二重構造のしくみで、国際化に対応すべき…とくに公的な英語教育の面でそれは絶対的に必要［である］（鈴木、1999、p.159）

確かに、将来ビジネスやアカデミックな分野でグローバルに活躍する人材を育てるための英語教育と国民全体の異文化理解のレベルを高めるための英語教育では自ずと教育方法は質量ともに異なって然るべきです。英語学習の目的は地域や個人の職業・趣味などによって様々です。基礎的なレベルの学習を終了した後は、個々の目的に応じた社会・文化・分野について自身の社会・文化・

分野と相対化して理解し、そこで使用される英語を主体として習得することが合理的だと思います。旅行で英語を話したい場合や趣味でネットを利用して英語ページを読んだりすることが目的であれば、旅行する地域の地理、歴史、文化を集中して学んだり、趣味に関する語彙や表現を習得しておけば良いのです。

多くの日本人、特に会社員や企業への就職を目指す学生にとっての英語学習の目的は、英語を使った仕事につくことが多く、いわゆるビジネス英語の習得が望まれることになります。しかし、ビジネスの世界も多様で、それぞれの分野において文化も表現形式も多様です。本名（2003）によると、目的別英語であるESP（English for Specific Purpose）をEAP（English for Academic Purposes）とEOP（English for Occupational Purposes）に分類し、さらにEOPを医療やビジネスを対象としたEPP（English for Professional Purposes）や、接客や販売を対象としたEVP（English for Vocational Purposes）などに細分化できるとしています。学校などで英語の基礎であるEGP（English for General Purposes）を学習してから、実務の世界で学ぶべき英語であると主張しています。

英米英語ネイティブ至上主義から脱却すべきであると書きましたが、英米英語や英米文化が重要でないと言っているのではありません。世界の主要国の言語と文化は尊重され、学習されるべきだと思います。アメリカ人の行動様式や文化が世界の英語教育の背後に強く影響していることも確かです。アメリカ文化の世界に対する影響力は良きにつけ悪しきにつけ強大で、それが普遍的になる可能性さえ感じさせられますから、アメリカ文化について英語を通して研究することは「言語戦略」上も非常に重要です。

アメリカ文化のなかで真にアメリカ的なものと、国を越えて普遍的なものとを区別する必要があります。たとえば、英米企業の

日本法人の場合は、従来通り英米文化を背景とした語彙や表現を習得することが標準となります。特に米国企業の場合、米国式のスラング、ギャグ、ジョーク、ウィットなどの習得に加えて、ボディ・ランゲージやアイ・コンタクトなど表現形式やスタイルも米国調を正とせざるを得ないでしょう。残念ながらこの環境下では「ビジネス専門用語」（本名他、2018, pp.172-183）や国際英語だけを習得しても型通りのコミュニケーションしかできず、米国企業幹部との人的信頼関係の構築は期待できないと想像されます。

　日本企業で海外勤務をする場合、もしくは海外とのやり取りをするような職務に就く場合、関係する国・地域の文化や表現形式を頭に入れて、基本はどの国・地域でも通用する国際英語を習得すべきです。その上で、たとえばアジア各国・地域で使用されている英語の特徴を習得することが合理的です（本名、2002、2003）。日本企業の中でも製品規格、研究開発、学術情報などを扱う分野においては、それぞれの専門領域（ディスコース・コミュニティ）で通用する専門的語彙や表現形式で構成されるESPを習得する必要があります。

　ただし、ディスコース・コミュニティの中で議論や論文を基にコミュニケーションが成り立っているフォーマルな局面では、型通りのESPで通用しますが、インフォーマルでカジュアルな口頭でのコミュニケーション（ディナー、パーティ、コーヒー・ブレイクなど）においては、参加者それぞれの出身文化の色彩が色濃く出てくることが通例です。肝心なことはインフォーマルなコミュニケーションにおいて方向性が決められたりするので、ディスコース・コミュニティで使用されるESPのみではなく、常識的でインフォーマルな語彙・表現形式は習得しておくべきで、特に有力なインフルエンサ・グループの背景文化・言語表現については理解できるようにしておくべきでしょう。

英語の世界は多様で複雑に絡み合っているので、基礎的な文法や語彙の習得が完了した後は、学習者自身の目的に応じた地域や分野に特有な語彙や表現形式を集中して習得し、それらの社会・文化的背景を自身のそれと相対化して理解したうえで発信し、異文化間を縦横無尽に行き来できるようになることが望まれるのです。大学での英語教育なども、国際英語（ELF英語）と英米英語、その他の地域英語、専門分野毎のESP英語が別々の科目として履修できるようになるべきではと考えます。

## 英語の習得法私案

　英語教育についての議論はこれくらいにして、では、いったいどんな学習方法が有効なのでしょうか。私自身は英語の達人でもなんでもありませんし、英語教育の専門家ではありませんので、偉そうなことは言えませんが、私の個人的経験にもとづいて考えてみます。80点で上出来じゃないか、と考えられる方には参考になると思います。

　まず、あらゆる受験勉強は英語の基礎力の強化に過ぎません。これは入試勉強に限らず、TOEIC、TOEFL、英検など、すべて同じで、基礎力の強化には大変有効だと思いますが、現場でのコミュニケーションとは別物です。繰り返しますが、基礎力の充実は絶対必要です。基礎力無くしてペラペラしゃべることができるようにはなりませんし、できたとしても文字通り、薄っぺらい「ペラペラ」のコミュニケーションしかできないと思います。基礎力が不十分でいきなり留学して「ペラペラ」のおしゃべりだけできるようになって帰国する学生も多いようですが、残念なことです。

　基礎力がある程度ついているとはどの程度かと言えば、英検2級か準1級、TOEIC800点くらいが目安ではないでしょうか。よく英検1級でないと価値がないとか、TOEIC990点（満点）を目

指すべきとか、言う方もいますが、資格と自己満足のため以外には、実務上の価値はありません。その上で、学習方法ですが、何より実践の積み重ね、と言えば身も蓋もありませんが、英語学習に王道はない、ということがすべてです。

　それでは、あんまりなので、恥を忍んで体験談風にいくつかお話します。まず、お勧めしたいのは、ご自分について、プロフィール、家族、趣味、好み、特技、友人、関心事、意見、など、ノートやカードに1ページに1項目英語で書いてみます。完ぺきである必要はありませんが、できれば英語が得意な人（ネイティブである必要はありません）にチェックを入れてもらってください。要は内容が伝わればいいのです。まず、100ページを目指します。そして、このノートの内容を暗記して、人前で話せるようにするのです。これだけストックがあれば、相手との会話で話があらぬ方向に発展しても、ストックの中の他の項目にリンクしていけば、話の拡がりについていけますし、自分から会話を展開することもできるようになります。よく、優れた営業マンは話のポケットをたくさん持っているといいますが、それを英語で実践すればいいのです。

　そもそも「考える」という行為は何なのかと言われると、常識的には「文章を組み立てて、自分の思考を表現する」ということではないでしょうか。もし、そうであるのでしたら、普通に日本語で文章を組み立てているところを、英語で組み立てれば良いのです。しかし、日本語と英語では表現能力に差があるのが一般的ですから、簡単ではありません。そこで、方策として日本語を「英語っぽく」組み立てればいいのではないでしょうか。まず、日本語の曖昧なニュアンスの（ハイ・コンテクストな）文章をシンプル（かつロー・コンテクスト）な日本語の単文に分解して置き換えてから、それぞれの単文を英語にするのです。必要に応じて、接

続詞で英文を連結すれば立派な（80点！）英文になります。

　それができるようになるといわゆる和文英訳や逐次通訳が、比較的簡単にできるようになります。また、コード・スイッチングのスキルも同時に養成することが期待されます。もちろん、コミュニケーション重視ですので、デリケートなニュアンスや文学的表現など日本文化に深く根差した言葉の変換はできませんが80点は目指せるでしょう。このようなレベルであれば、何も海外留学や一部の高校や大学で実験的に実施されている英語漬けのイマージョン（immersion）教育に頼る必要はありません。

　もうひとつ、第二言語習得理論で比較的新しい理論とされている複雑系理論（complex system theory）について触れておきます（馬場・新多、2016）。この理論は、従来学習効果は徐々に出てくる、つまり次第に英語が理解できるようになるとか、話せるようになる、とか考えられていた常識を覆すものです。どんなに単語やイディオムを覚えても、どんなに英作文を繰り返しても、学習効果を実感することができない経験はないでしょうか。同じ単語を辞書で何度も引くが、覚えては忘れ、いつまでたっても頭に英語が入ることはない。ただ苦しい坂道を登っているだけのような無力感に襲われたりします。

　ところが、学習効果はあるポイントを切っ掛けにジャンプする、ことがあります。これは「聞き流しだけで、ある日、英語が口をついて出てきた！」という魔法のような英語教材の宣伝文句ではなく、点と点が結びついて線となり、線が複雑に絡み合って面となり、立体となり、という、学習効果の跳躍、それを複雑系理論では「創発（emergence）」とか「相転移（phase shift）」とか言います。一皮むけた、というか、一段ギアが上がった感じです。さながら蛹が成虫になるように新しい状態に変化するのです。具体的な例としては英語の単語やイディオムがそれら単体として記憶

されている状態から、自分と関わりがある、あるいは自分に興味がある事象や概念の中で相互に結びつき、全体としての意味や思考を構成するようになることがあります（Aitchinson, 1994）。その創発や相転移の契機（「触媒（catalyst）」と呼ばれます）となる出来事は、実践の中で生じます。

　私は、この創発にいたる近道は、継続的な自己発信以外にはないのではと考えています。カタコトでもいいので、外国人の友人と議論に熱中していたり、海外で誰も助けてくれない環境に掘り出されてしまったり、外国人の異性と気持ちの通い合う話をしたりして、コミュニケーションを積極的に図っていく中で、ロジックが分かりやすくなったり、表現力が深まったりしていき、それに自分が気づくことで、さらにアクセルを踏み込んだように跳躍していくのでしょう。

　ついでに言いますと、私は英語に限らず、あらゆる社内トレーニングやセミナーは、それだけではほとんど効果がないと考えています。もちろんスキルや知識は得られますが、「3日で覚えたものは3日で忘れる」、と言われるように、あっという間に記憶の彼方に飛び去ってしまいます。これはアイドル歌手だった郷ひろみの名言です。「3日で覚えたものは3日で忘れる。3か月で覚えたものは、3か月で忘れる。。。でも、3年かけて覚えたものは、一生忘れない」、と続きます。アイドル歌手からエンターテイナーへの脱皮を目指してストイックに努力を重ねた彼だからこそ実感が伝わります。

　これは単に「石の上にも三年」ということだけではなく、あらゆる鍛錬は自分自身で創意工夫を繰り返しながら努力することでのみ結果を生み出せる、ということでしょう。テニスやゴルフのレッスンでも同じで、いくら素晴らしいプロに教えてもらって、その通りに実践しても、自分の頭と身体で努力して工夫していかな

いと、本当にわかった、という領域には達しません。

　トレーニングやセミナーは、切っ掛けを与え、自分が気づかなかったことを教えてくれる、という意味で重要です。それによって自分自身の学習や研鑽の方向が示されたり、修正されたりするのです。なんだか精神論っぽくなってしまいましたが、やはり「継続は力なり」、加えて「天は自ら助くる者を助く」であることは古今東西同じなのです。逆説的に言うと、自分自身で咀嚼して、吸収する気概があれば、あらゆるトレーニングやセミナーには何らかの学ぶべき点がある、とも言えるのです。「セミナーなんて時間のムダだ!」とか、「この会社のトレーニングのプログラムはなってない!」とおっしゃる前に、自らの学ぶ姿勢を振り返りましょう。

## 多文化共生社会の現実と未来

　日本社会の少子高齢化に伴う人口減少は、避けて通れない未来の現実です。どこまで減るか分かりませんが、21世紀のうちに8,000万人を割るくらいでしょうか。人口が減っても、高齢者雇用を延長して、定年なしにしてしまえば問題ない、という乱暴な意見もありますが、高齢者は病気になったり、心身ともに衰えたりするのは自然の節理ですから、経済的な貢献は少なく、コストは高くなることは間違いないでしょう。そのことを背景として、海外からの移民を促進すべし、できれば労働力としてだけではなく、知的、技術的に優れた外国人に移民してもらうべし、という議論が起きるのも頷けます。

　2020年の入国管理庁の統計によりますと、外国人の数は約288万人になります。このうち就労している外国人は約172万人で、過去10年で100万人ほど増加しています。この数字の伸びだけを見ると急速に増加していることは間違いありませんが、人口に占める割合は2パーセント前後となり、人口減少に歯止めを掛けるよ

うな勢いではなさそうです。内訳は日本在住10年以上の永住者が28%、いわゆる技能実習生が14%、留学生が10%、日系人や難民が7%、技術・人文・国際業務を担っている外国人が10%になり、在日韓国人等の特別永住者が11%、帯同家族が7%となっています。国別では中国24%、ベトナム26%、フィリピン11%、ブラジル8%、ネパール6%、韓国4%と続き、アジアが全体の84%に上ります。コロナ禍以前の数字ですが、コロナ明けには徐々に元のトレンドに回復すると考えられます。

　日本は移民に消極的であるという印象をもっていますが、諸外国と比べてどうなのでしょうか。ラッセル・キングの『移住・移民の世界地図』（2011）によりますと、欧米では、アメリカ13.5%、カナダ21.3%、イギリス10.5%、フランス10.7%、ドイツ13.1%、スイス23.2%と10〜20%のレベルです。アジアに眼を転じると、インド0.4%、中国0.1%、韓国1.1%、タイ1.7%と0〜2%と低レベルです。例外はシンガポール40.7%、マレーシア8.4%ですが、どちらももともと多民族国家のお国柄の地域です。その他の地域では、オーストラリア21.9%、ニュージーランド22.4%、イスラエル40.4%を除いて、低レベルになっています。

　メディアで報道されているように欧米における移民問題は社会的、政治的、宗教・文化的に大きな問題になっていますが、ネガティブな状況だけがクローズアップされている感が否めません。それが証拠に紆余曲折がありながらも、移民を一方的に減らすべきだとの論調は、一部の極右派勢力を除いて絶対的な勢力ではありません。日本の場合は少子高齢化による人口減でおしりに火がついている状況であるにもかかわらず、一気に移民政策を大転換する気配はありません。ずるずると結論を先延ばしにしているようにも見えますが、移民を増やすことの是非について十分な分析と国民的議論がなされていないことも事実です。友原章典の『移民

の経済学：雇用、経済成長から治安まで、日本は変わるか』(2019)
で、詳しく分析されていますが、単純に増やせば良いとも言えず、
メリットもある代わりに確実に何らかのデメリットがあることは
事実ですし、メリットを享受できる階層とデメリットでダメージ
を受ける階層があるようです。

　そのような現実を見ると、日本が一気に多文化共生社会に移行
することはなさそうですし、逆に移民の増加による社会問題の深
刻化を喧伝するのも、フェアーではないように思います。もちろ
ん、一部の労働集約型の工場の集積地では「xxxタウン」のよう
な外国人居住区ができていますし、近年、外国人労働者による野
菜や果実の窃盗事件の多発などの問題も顕在化しています。しか
し、それも日本全体を見た時に、どれほどのインパクトがあるの
か、分析して見る必要があるでしょう。外国人による犯罪が増え
ているという証拠はなく、メディアは、外国人を差別して見てい
るように感じています。犯罪事件となるとアジア人や南米人が殊
更に取り上げられている気がしてなりません。反対に「Youは何
しに。。。」などの人なつっこい外国人をフィーチャーした番組で取
り上げられるのはほとんど欧米の白人であることを見ると、外国
人のイメージがメディアによってコントロールされてしまってい
ることも危惧せざるをえません。

　さて、多文化共生社会に備える意味で、英語力の強化はどれほ
どの意味があるでしょうか。言語の選択だけから言えば、中国語
やスペイン語や英語が使える実務担当者を外国人が多く居住する
拠点地域にバランスよく配置することの方が即効性はあると考え
ます。ただし、英語は国内での多文化共生のためだけでなく、国
際語として使われるのですから、前述したELF（English as
Lingafranca：リンガフランカ英語）を一般教養として、習得する
ことは大いに意味があるでしょう。言うまでもなく、言語を学ぶ

ことは実用性という観点以外に、言語を通して別の世界を見る眼
を養う意味があるのですから。

**参考文献**

- McKay, S.L.（2002）. *Teaching English as an International Language.* Oxford University Press
- ダグラス・ラミス（1976）『イデオロギーとしての英会話』晶文社
- 馬場今日子・新多了（2016）『はじめての第二言語習得論講義 ― 英語学習への複眼的アプローチ』大修館書店
- Aitchinson, J.（1994）*Words in the mind*：*An introduction to the mental lexicon, 2nd ed.* Blackwell
- Brown, S. & Hall, J.L.（2012）.Children learn languages quickly and easily while adults are ineffective in comparison: Second language acquisition myths: *Applying second language research to classroom teaching*, Chapter 1, University of Michigan Press
- 文部科学省ホームページ「今後の英語教育の改善・充実方策について　報告～グローバル化に対応した英語教育改革の五つの提言～」（閲覧日：2019年8月11日）http://www.mext.go.jp/b_menu/shingi/chousa/shotou/102/houkoku/attach/1352464.htm
- 岡秀夫・金森強（2012）『小学校の外国語活動の進め方 ―「ことばの教育」』成美堂
- 施光恒（2015）『英語化は愚民化 日本の国力が地に落ちる』集英社
- 鈴木孝夫（2005）「小学校教育に求められる基本的知識とは」、大津由紀雄編『小学校の英語教育は必要ない』慶應義塾大学出版会
- バトラー後藤裕子（2015）『英語学習は早いほど良いのか』岩波書店

- 本名信行編（2002）『アジア英語辞典』三省堂
- 本名信行（2003）『世界の英語を歩く』集英社
- 本名信行・竹下裕子編著（2018）『世界の英語・私の英語、多文化共生社会を目指して』桐原書店
- 西田ひろ子編（2000）『異文化間コミュニケーション入門』創元社
- 八島智子・久保田真弓（2012）『異文化コミュニケーション論：グローバル・マインドとローカル・アフェクト』松柏社
- 鈴木孝夫（1999）『日本人はなぜ英語ができないのか』岩波書店
- 佐久間孝正（2015）『多国籍化する日本の学校：教育グローバル化の衝撃』勁草書房
- 鳥飼玖美子（2011）『国際共通語としての英語』講談社
- 若本夏美他（2017）『国際語としての英語』松柏社
- Jennifer Jenkins, et al.（2018）. The Routledge Handbook of English as a LIngua Franca. Routledge
- 「「正しい」英語とは…、"シングリッシュ"追放へ、シンガポール ネット時代に対応」朝日新聞 平成12年1月22日

# 第4部

# 外資系企業での言語と文化

# 1 | 外資系企業における英語使用の実際

　話を外資系企業にもどして、外資系企業の中ではどのような英語スキルが重要と考えられているのか、アンケートとインタビューの分析結果をご紹介します。また、リンガフランカとしてのビジネス英語についても考察します。

**英語スキルの優先度**
　職務で必要な英語のスキルについて、外資系企業の日本人マネージャー自身と部下にとっての優先度を回答してもらいました。結果は図5の通りです。

図5：外資系企業での英語スキルの重要度（Kuroda, 2021a）

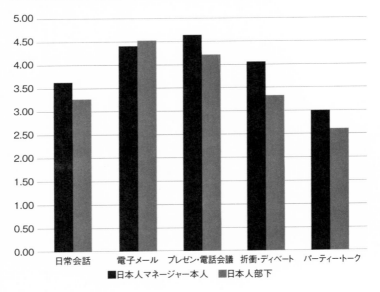

ビジネスですから当然ですが、マネージャー自身にとっては、プレゼンテーションや電話・オンライン会議（平均値4.63）、電子メール（同4.42）が上位を占め、ネゴシエーションやディベート（同4.05）、日常会話（同3.63）、パーティ・トーク（同3.00）などは比較的優先度が低くなりました。部下についても、ほぼ同様でしたが、電子メール（同4.53）がプレゼンテーションや電話会議（同4.21）より優先度が高くなりました。

　外資系企業では、隣の席の同僚にも電子メールで連絡するくらいですし、まして時差のある欧米本社とのやり取りは必然的にメールになります。返答は翌日になってしまうことを考えると、要領よく、論理的に、かつ明瞭にメールを書くスキルは最重要でしょう。ただし、マネージャー以上の管理職は夜中や早朝の電話会議やオンライン会議への参加頻度が高くなりますので、そこでの発言やプレゼン・スキルが上位になります。まして、欧米から上司が来日した時のプレゼンテーションは、それで日本人マネージャーの評価が決まることもあり、かなりの時間をかけて準備し、何度もリハーサルをするほどです。ここまでは、どちらかと言うと標準的な英語、あるいは型どおりの英語、もしくはリンガフランカ英語（ELF：English as Lingua-franca）で対応可能な領域だと思います。

　問題は、それ以下の優先度とされたネゴシエーションやディベート、日常会話、パーティ・トークなどの領域で必要な英語です。社内会議での折衝や社外の顧客とのやり取りを通訳もしながらマネージすることも要求され、的確で簡潔な英語表現能力が必要です。また、日常会話やパーティ・トークは日本人が不得意とするところではないでしょうか。特に、パーティや懇親会（Gatheringと呼ばれます）などの席で仕事の話ばかりするのは品位を疑われます。さりとて、文化的、社会的な話題について深く英語で表現

できないので、ついつい日本人を見つけて群れてしまうのです。この領域では、論理性や明瞭性だけでは、ことが進まない、あるいは、こころが通じ合わない、ということになってしまいます。相手の懐に入りこむには、文化的な違いや思考パターンの違いを理解したハイレベルの英語力が要求されるので、ELFのレベルでは、間に合わないことが多いでしょう。これはあくまで欧米系、特に米国系企業について言えることです。アジア系企業での経験がありませんので、何とも言えませんが、アジアの経営者は比較的パーティなどでも仕事の話をする印象があります。

## ネイティブ英語かリンガフランカ英語か

　ここまで読んでいただくと、答えは自ずと見えてきていると思います。ビジネスの日常業務をこなすには外資系企業であってもリンガフランカ（ELF）英語で十分と言うか、むしろ適切と言えるでしょう。しゃれた表現やイディオムやジョークはむしろ非英語圏の人たちも交えた場ではコミュニケーション上の障害となってしまいます。まさに論理性と明瞭性を最優先にした英語が望まれます。

　では、さらにネイティブレベルの英語力を身につける意味はあるのかどうかですが、それはそれぞれのニーズ次第ではないでしょうか。たとえば、将来、欧米本社で働きたい、あるいはグローバル・マネジメントの一角になり、欧米本社と対等の立場でグローバル市場を相手にマネジメントの役割を担いたい、というような場合は、できるだけネイティブに近い英語力を身につけるように努力すべきでしょう。では、どのくらいの外資系企業社員にそのようなチャンスがあるか、と言われると、一概には言えませんが、100人の同期社員のうち、1〜2名というところでしょうか？卓越したマネジメント能力とネイティブ英語力を兼ね備えた限られ

た社員がハイ・フライヤー（High-Flyer）として、世界に羽ばたいていくことができるのです。最初に述べましたように、私自身は100％ローカル社員でした。

## English as Business Lingua Franca（BELF）

　さて、ELF英語に対するニーズがビジネスでも高まっているので、ビジネス用ELF（BELF：English as a Business Lingua-franca）も提唱されています。インターネットと同様にビジネスでは、ネイティブ英語圏以外の国々とのコミュニケーションにも広く英語が使われています。ヨーロッパ（ロシアを含む）は言うに及ばず、アジア、南米、アフリカなどの国とのビジネスは、ほとんど英語が使われることは常識です。

　これらの非ネイティブ英語圏の人々の英語は様々な特徴があり、英米ネイティブ英語とは異なる用法や語彙が多く、英米の常識が通用しなかったりもします。発音も様々ですが、英語の母音の微妙な区別や、紛らわしい子音の発音など、ほぼ無視されていますので、見ようによっては「日本人英語（カタカナ英語）」に近いとも言えます。もちろん、お国柄がでますので、聞き取りにくいことも多くありますが、それはお互い様、ということがベースになるので、ネイティブ対非ネイティブというような対立軸で、劣等感を持ちながら英語を話す必要はありません。堂々と日本人英語で自己主張して、分からないところはお互いに歩み寄ってコミュニケーションを取ればいいのです。

　なお、英語だけがLinga-francaの資格があるのか、という疑問は提示されています。中には、アジアにおいては日本語がLinga-francaになっているという主張もありますが、どうやら中身は、日本語が理解できる現地人のみを雇用している日本企業の現地法人の中でのことのようです。それよりも、可能性としては中国語で

す。中国、台湾は言うに及ばず、華僑の経済的影響力が強いシンガポール、マレーシア、インドネシア、などではマレー語などの現地語プラス中国語と英語という言語構造になっています。おそらく、Chinese as a Linga-francaがアジアでは幅を利かせることになるでしょう。

## 英語公用語か複言語主義か

　一概に外資系企業と言っても、使用する言語についてのポリシーは様々です。社内公用語はグローバルで英語に統一とする企業は英米系企業を中心に多いと思います。特に意思決定に関わる社内文書は、ほぼ例外なく英語でしょう。しかし、さすがにローカル・スタッフのみの社内会議まで、英語で行う企業は少ないのでしょう。英語公用語化した楽天でも日本人だけの会議は日本語で、非日本語話者が一人でも入ると英語にスイッチされるとのことです。欧州系の企業は、以前であれば、ドイツ系ならドイツ語、フランス系ならフランス語、という具合に、英語と併用して公用語を定めていましたが、多くの企業がグローバル展開するにつれて、英語を公用語とし、本社所在地の言語も含め、それぞれの現地語をサブ言語と位置づけている企業が多いようです。

　そういう事情で、やはり英語の重要性が社内コミュニケーションにおいて高まっていることは間違いありませんが、英語オンリーの公用語でいいのか、という議論はあります。ひとつは、英語ネイティブあるいは英語サブ・ネイティブと非英語話者との間のコミュニケーション格差です。英語ネイティブの意見だけが通りやすくなる傾向は避けられませんから、間違った、あるいは歪んだ意思決定に導かれてしまう可能性は否定できません。

　もうひとつの観点は、英語公用語による効率性のメリットと多言語使用による多様性のメリットとの比較です。確かに通訳や多

言語使用による膨大な手間やコストを考えると英語オンリーの公用語にはメリットがあります。しかし、複言語使用による多様な発想や価値観がもたらすビジネス戦略の展開にも魅力があります。特に英米文化とは異なる文化の地域においては、英語的発想だけでビジネス戦略を構築すると、大失敗につながることがあります。ナンシー・J・アドラーは、『チームマネジメント革命』の中で、グローバル経営にとって、文化的多様性がもたらす利点と問題点について詳しく分析しています。利点としては、意見の広がりがあり、選択肢が拡大する、ローカル社員や顧客・市場への理解が高まるなどです。問題点は多様であるが故に曖昧さや複雑さが増し、意見集約が困難となり、結果としてコストアップになる、などが挙げられています。あまりにグローバル・スタンダードが幅を利かせている現状から考えると、多様性の利点にもう少し注目することが中長期的なグローバル企業経営にはプラスになると考えるのが自然な流れでしょう。

このことは、最近はやりの日本企業における英語公用語の傾向に警鐘を鳴らすものでしょう。社員全員がTOEIC800点以上とり、原則として社内会議も英語で行って、問題はないのでしょうか。確かに真にグローバル化しているビジネスで、マネジメントも日本人に限らず、グローバルにバランスよく配置されているのであれば、英語をグローバル単位の意思決定をする際のコミュニケーションのための共通語とすることには、意味があるでしょう。しかし、英語を公用語としてローカルのコミュニケーションまで、過度に英語化してしまうと、先に指摘した課題が浮き出てくるでしょうし、結果として世界各地域における戦略はローカル市場の支持を得られなくなります。

**参考文献**

- Kuroda. R. (2022b). English usage and acculturation in subsidiaries of *multinational corporations in Japan*. Nagoya Gakuin University. Review of Foreign Languages. 22.35-51.
- Kankaanranta, A., Karhunen, P., & Salminen,L.L. (2018). "English as corporate language in the multilingual reality of multinational companies". Multilingua. *Journal of Cross-cultural and Interlanguage Communication* 37 (4) : 331-351
- Kankaanranta, A., & Salminen, L.L. (2013)." What language does global business speak?": The concept and development of BELF. Ibérica 26 : 17-34.
- 『ことばと社会』編集委員会編 (2015)『ことばと社会　17号：アジアのリンガフランカ』三元社

## 2 │ 外資系企業という異文化環境で生きていくために

　言語と文化は切り離せませんし、言語を切り替えることは文化をスイッチすることになります。外資系企業という異文化環境における様々なコミュニケーションの事象が、現代および今後の日本社会の中でどのような関わりをもち、どのように応用されていくべきか、その可能性を探ってみたいと思います。

### 文化背景知識はどこまで必要か

　多国籍企業におけるグローバル・スケールで異文化分析をした例として有名なのは、ギート・ホフステッドです。彼は1970年代に世界中のIBMのオフィスで働く社員を対象に大規模な調査を行いました。今でも異文化分析の古典的な著書である『多文化世界（原書第3版）』（2013）は版を重ねて読まれています。ホフステッドは各国の職場の価値観を5つの次元に分類して分析しています。権力の格差の許容度の次元（power distance）、集団主義対個人主義（collectivism vs. individualism）、男性らしさ対女性らしさ（masculinity vs. feminity）、不確実性の回避（uncertainty avoidance）、儒教的ダイナミズム（2001年に追加されたもので、東洋的な価値観の総体を加味している）の5つです（八潮・久保田、2012）。ただ、必ずしも現代のビジネス世界での価値観と一致しないこともあるので、ここではエリン・メイヤーの『異文化理解力』（2015、原著2014）を紹介しておきます。翻訳でもベストセラーになっていますから読まれた方も多いと思いますが、メイヤーは、この著書の中で主な国別の文化的特質がビジネスや組織マネジメントにどのような影響があるか分析して下記のように解説してい

ます。先ほどのアドラーの主張とも相通じるところがありますが、文化の多様性がグローバル・ビジネスにとって欠かすことができないことを主張しています。

- コミュニケーションのスタイル（Communicating）：前述した共有する背景知識の少ないLow-context，逆に多いHigh-contextの次元です。概ね英語圏がLow-context，アジア圏がHigh-context、南欧や南米が中間になります。
- 部下への評価の伝え方（Evaluating）：部下に対してネガティブな評価をどう伝えるかの次元で、Direct negative feedback か、Indirect negative feedbackを座標軸とします。直截的に評価を伝えるDirectなのは非英語圏のヨーロッパ、遠回しに伝えるIndirectはアジア圏、中間が英語圏と南米圏となってます。
- リーダーシップのスタイル（Leading）：平等主義的なEgalitarianか、権威主義的なHierarchicalかを座標としています。北欧や英語圏が比較的Egalitarianで、アジア圏はHierarchical、英国以外の西欧は概ね中間的です。
- 意思決定の手順（Deciding）：意思決定のプロセスが合意形成的なConsensualか、上からドンとくるTop-downかの次元です。Consensualが日本や北欧、Top-downが中国、インド、ロシア、中間に英語圏と西欧が位置しています。
- 組織内の信頼関係の基盤（Trusting）：あくまで職務と役割を基盤とするTask-basedか、人間関係を基盤とするRelationship-basedかに分れます。英語圏、北欧、ドイツなどがTask-based、アジア、中近東、南米がRelationship-based、中間に南欧や中欧が入ります。
- コンフリクトの対処方法（Disagreeing）：議論したりディベートしたりすることを是とするConfrontational、逆に論争を避け

たがる Avoids confrontation に座標軸をとります。Confrontational が西欧、Avoids confrontation がアジア圏、南米、中間に英語圏が位置します。

- 時間や予定のマネジメント（Scheduling）：計画通り仕事を進めたがる Linear-time か、柔軟に対処しながら進めたがる Flexible-time かで分類します。Linear-time が日本、英語圏、北欧、Flexible-time が中国、インド（おそらく他の多くのアジア諸国も）、中南米、アフリカなど、中間に英国以外の西欧が位置します。

　見ての通り、必ずしも日本と英語圏の国々の価値観が極端な対立軸を形成しているのではなく、場合によっては日本とアメリカで価値観を共有している場合（Scheduling など）もあります。

　話を外資系企業でのアンケート結果に戻しますが、日本人マネージャーたちは、欧米文化についてどのような意識をもっているでしょうか。英語力を駆使してグローバル企業の一角である外資系企業の日本法人で働く外資系の管理職は、さぞかし異文化感度が高く、様々な国や地域の文化に精通しているのか、あるいは欧米企業であれば本社所在地のある国の文化には精通しているが、それ以外についての関心は常識の範囲なのか、はたまた文化的な事象はそぎ落とし、グローバル・スタンダードのビジネス・カルチャー（実はアメリカンのビジネス文化なのですが）一本で、勝負しているのか、アンケートの結果を見ると、以下のようなことが浮かび上がってきました。

- 文化的背景知識については、持っているにこしたことはないので、異文化トレーニングなどについては重視している（できれ

ばトレーニングは受けたい）。また、英語スキルとして、文化的な話題やパーティでの洗練された話題などを磨くことの重要度は、他のスキルと比べて高くはない（実務的なスキルの方が優先する）が、交渉やディベート、日常会話など非定型の英語力のニーズについては相関性が高い（表3）。

表3：パーティ・トークと日常会話等との相関関係（Kuroda. 2022b）

| Factor 1: | Factor 2: | Correlations: |
|---|---|---|
| パーティー・トーク<br>（英語力） | 日常会話<br>（英語力） | 強い相関性(r(18)=.792, p<.01) |
| パーティー・トーク<br>（英語力） | 交渉。ディベート<br>（英語力） | 強い相関性(r(18)=.697, p<.01) |
| パーティー・トーク<br>（英語力） | 異文化知識<br>（解決策） | 中程度の相関性(r(18)=.419, p<.10) |

表4：文化の違いによるコミュニケーション課題の解決策等との相関関係（Kuroda. 2022b）

| Factor 1: | Factor 2: | Correlations: |
|---|---|---|
| 総体的文化の違い<br>（課題） | 異文化知識<br>（解決策） | 低い相関性(r(18)=.256, p>.10) |
| 総体的文化の違い<br>（課題） | ネイティブレベルの英語<br>（解決策） | 強い相関性(r(18)=.632, p<.01) |
| 総体的文化の違い<br>（課題） | 押しの強い上司<br>（課題） | 強い相関性(r(18)=.748, p<.01) |
| 押しの強い上司<br>（課題） | ディベート・トレーニング<br>（解決策） | 強い相関性(r(18)=.589, p<.01) |
| ディベート・トレーニング<br>（解決策） | ネイティブレベルの英語<br>（解決策） | 中程度の相関性(r(18)=.528, p<.05) |

- 欧米人ボスとコミュニケーション上の課題がある時は、文化的な違いを感じることが多く、特に欧米人ボスがネイティブ英語で押しまくってくる時に、そう感じる（ただし、そう感じる人は、必ずしも異文化トレーニングを重要視していない）。また、そのように感じる人は、ネイティブレベルの英語やディベート力が必要であると考える傾向にある（表4）。

　ここから推測するに、外資系日本人マネージャーでも、異文化感度が高く、文化の違いを重要視して知識の吸収に努めている人と、あくまでビジネスに必要なロジックと語学で実務を遂行している人に分かれるのでしょう。ただし、異文化に肩入れしすぎて、同化してしまうリスクもあるようで、自国文化と異文化のバランスが課題であることには変わりがありません。

## ディベートとプレゼンテーション

　プレゼンテーションが非常に重要であることは言うまでもありません。外資系企業の場合には、社内むけ、特に本社からのCEOやCOO、VPGMやDirectorなどのエライさんが来日した時のプレゼンテーションは、社内、部内での一大イベントとなります。そういうようなエライさんの前で担当事業のプレゼンをいかに上手く、Impressiveにやるか、Q&Aをソツなくこなすか、自分からも有意義な質問をするか、などで、その社員の将来が決まることもあるので大変です。内容や構成の事前準備やリハーサルはもちろん、品のいいジョーク、punchline（決め台詞）、落ち着いた表情や姿勢（posture）、body languageやeye contactを程よく使うなど、効果的なプレゼンテーションのトレーニングが提供されることが多いと思います。

「ブロークン・イングリッシュなんですけど」とか、「事業環境は

非常に厳しく」とか、「とても緊張しています」とか、日本人的な言い訳から始めるプレゼンはその時点で大きなマイナス点がつくと思った方がいいでしょう。また、前述のように、常識として、起承転結ではなく、結論から先に述べるということがあります。もちろん、いきなり爆弾を落としてはいけませんが、出だしが肝心です。「結論」というのは、プレゼンの目的がなんであるか、たいていの場合、Audienceであるエライさんに、何をやってもらいたいか、おそらく資金か、人員か、プロジェクトの承認か、などを指します。

　もうひとつ、スピーチではなく、あくまでプレゼンですから、interactive、つまり双方向でやり取りしながら、進めていくことが求められます。それをやりながら、time-managementは完ぺきにする必要があります。プレゼンの途中で議論が沸騰したら、全体の構成を調節して、時間切れがないようにするのです。他のプレゼンターが時間を消費してしまったり、出席できなくなったりした場合は臨機応変に対処する必要があります。PCやプロジェクターが壊れてパワポが映せないことなどザラにあります。パワポなしで、口八丁手八丁でプレゼンを乗り切ることができれば、瓢箪から駒で、高評価を得られたりするでしょう。

　ディベートについては、それほど社内トレーニングを行っていない印象があります。ディベートは、トピックに対する賛否の立場が逆転するなど、思考のトレーニングには有効ですが、あまりにテクニカルな面が強調されていて、ビジネスのトレーニングとしては、あまり人気がありません。ただし、欧米の大学やビジネススクールでは、ディベートのトレーニングはmustだと聞きますので、ロジックと議論のテクニックの養成には効果的なのでしょう。日本の高校でも英語の授業でディベートをさせることが計画されていますが、白黒つける議論の応酬が日本のカルチャーにど

れだけ浸透するか、興味のあるところです。とは言え、会議の議論に的確に参加することは、非常に重要であることは疑いありません。とにかく強く主張することだと勘違いしている向きもありますが、相手の立場やロジックも咀嚼したうえで、スマートにこちらの主張を展開することが重要です。そのためにはディベートのトレーニングは有効な手段であると言えます。

　一点だけ補足しておきます。ディベートについて経験者の方から意見をいただきました。彼曰く、ディベートで選択されるテーマは簡単に白黒つけられるようなものを選んではいけない、とのことです。どちらのサイドの言い分にも一理あり、とされるようなテーマを選び、論理の構築を競い合うのですが、キモは前半と後半で立場を逆転させて、トータルで論理展開の優劣を判定するところだそうです。つまり、ディベートの目的は、テーマの白黒を競うことではない、ということです。

## One-on-one で決まる上司との関係

　欧米の会社ではOne-on-oneが日常的に行われています。上司と部下が1対1で話し合う、というと、どうしても業績評価か、はたまた指導か叱責か、ということをイメージしがちですが、One-on-oneはもっと自由に、かつ不定期に行われています。しかも、必ずしも直属の上司と部下だけではなく、上司の上司、あるいは他の部署の上司や同僚など、「ちょっと、One-on-oneお願いしま～す！」という具合に、声をかけて設定されるのです。もちろん企業によって、そんなに気軽にOne-on-oneしてないよ、ということもあるでしょうし、逆に、もっと頻繁にやってるよ、というところもあるようです。いずれにしてもマニュアルとジョブ・ディスクリプション（職務記述書）とパフォーマンス・アプレイザル（業績評価）で人事管理が統制されているイメージの外資系企業です

が、それだけでは抽出できない人物像や人間的なファクターを炙り出すための人的ネットワークの構築にはかなり工夫がこらされています。

ひとつの理由は人事部門が絶対的な人事異動権をもたず、各部門長が組織の社員の人事を握っていることです。よその部門から人材をもらおうとすると人事部に候補を出してもらったりするのですが、いくら面接を繰り返しても、やはり知らない人間は取りたくないものです。それよりも第三者の評判や、セミナーや部門間会議での発言、または飲み会などでのインフォーマルな席での感触がものを言いますし、可能であればOne-on-one的な話し合いを事前に行っておけば、その社員に対する評判の「ウラが取れる」ということになります。

もちろん評価のためだけでなく、部下の相談に乗ってあげたり、上司が意見を求めたりするためにもOne-on-oneが実行されています。原則、上下関係にこだわらず、文字通り個人対個人の話し合いであるところが、いかにも個人主義のアメリカで進化したコミュニケーション手法であると言えます。日本企業でもOne-on-oneを実施する会社が増えているようですが、この「上下関係を忘れて」、というところが日本の企業文化というか、社会文化では、なかなか割り切れないこともあり、上司による部下の個人面談的な色彩を帯びてしまいがちです。

気軽にOne-on-oneしましょう、と声をかけるのはちょっと及び腰になる、のは日本人的には分かります。One-on-oneをもう少しシステマティックにしたものが、メンタリングかと思います。若手の社員、特に将来性がありそうな社員（メンティーと呼ばれます）が選抜されて、経験豊かなメンターを指名して、相談役にするのです。メンターは直属のラインの上司ではなく、直接職務が関わらない部門の管理者や経験者が選ばれます。一時は、有望な

女性社員を幹部候補にキャリアアップさせる目的でメンターをつけて助言するようなこともありました。6か月から1年くらいの間、月に1回程度のメンタリングを行い、期限が来たらオフィシャルな関係は解消することになっています。

　もちろんメンタリングを通してお互いを知り合うことはメンターとメンティーの両者にとって人事的な財産になることは言うまでもありません。米国では、CEOが優秀な若手社員からメンタリングを受けることもあるそうです。いかにもアメリカ的ですが、過去の経験だけでは急激に変化する現代の経営課題を乗り切れない、という信念があるのでしょうか。シニオリティ文化の日本やアジアでは、ちょっと考えにくい取り組みですけど。

　アンケートのデータを解析すると、表5のとおり、欧米人の上司との信頼関係に課題があるとする人とOne-on-oneが有効であるとする人の間には逆相関関係が見られました。言い換えると、信頼関係が良好な社員は、One-on-oneが有効なコミュニケーション上の課題のソリューションになると答えていますが、信頼関係に課題を抱えている場合は、One-on-oneへの期待はそれほど高くない、という結果となりました。もちろん（逆）相関関係は、原因と結果を示すものではなく、あくまで相互に関連がある（または、ない）ことを示しているにすぎません。単に結果として、関係が

表5：One-on-oneの有効性と上司との信頼関係課題の相関関係（Kuroda. 2022b）

| Factor 1: | Factor 2: | Correlations: |
|---|---|---|
| 欧米人上司との信頼関係（課題） | One-on-oneの有効性（解決策） | 強い逆相関性(r(18)−.608, p<.01) |
| 日本人上司との信頼関係（課題） | One-on-oneの有効性（解決策） | 低い相関性(r(18)＝.076, p<.10) |

よければOne-on-oneも楽しいよね、関係がわるければ時間の無駄だよね、ということなのでしょう。あるいは逆に、One-on-oneを有効に活用できるようになれば、信頼関係の構築に寄与するであろうことを示唆している、とも考えられます。

　不思議なことに、日本人の上司との関係においては、上記のような逆相関関係が見られませんでした。このことは、欧米人の上司と日本人の上司とでは、信頼関係を左右する要因が異なるからではないか、と推測されます。つまり、日本人上司との場合では、欧米人上司との場合にコミュニケーション上の阻害要因になっている文化の違い、言語（特にネイティブ英語）、押しの強さ（アサーティブネス）などが影響していないため、One-on-oneの有効性についても、中立的な位置づけとなっているのではと考えます。また、日本人同士のロジック一辺倒でないコミュニケーションのスタイルが、必ずしもOne-on-oneの絶対的有効性を支持していない遠因ではないかとも考えられます。

## 異文化コミュニケーション・トレーニング

　異文化との接触が一般化していったのは、世界大戦の影響が大きいと言われています。それまでは、冒険家や学者、一部の商人や政治家などの専売特許であったものが、第1次、第2次世界大戦、そしてその後の国際ビジネスの急速な発展と海外旅行の大衆化などにより、一気に異文化との遭遇が普通のこととなっていきました。それに伴って、様々な異文化トレーニング（Cross-cultural training）、もしくは異文化間トレーニング（Intercultural training）が考案され、提供されるようになりました。八島・久保田（2012）では、異文化コミュニケーションに必要な能力として、認知的な側面である「グローバル・マインド」と情動的な側面である「ロ

ーカル・アフェクト」を提言しています。詳細は割愛しますが、「グローバル・マインド」としては、1. マクロの視点、2. 感情制御・判断留保、3. 対話力、4. 異文化対話力と創造力を挙げています。「ローカル・アフェクト」としては、1. 直感的コミュニケーション能力、2. 五感で文化を体感する能力、3. 共感力、4. オープンな心と柔軟性が提示されています。端的に言うと、異文化に関する知識と経験、それらをベースにしたスキルと感性を育むことを目的としたトレーニングが必要であるようです。

　ここで最も注目したいのは「共感力」です。知識やスキルなどで身構えるだけでなく、異文化の人々や環境へ「共感」していくこと、言い換えれば部分的もしくは全面的に対応、もしくは「同化」することではじめて相手と同じ土俵で物事を見て、感じることができると考えられます。しかし、一旦「同化」してしまうと、それだけアイデンティティのバランスが異文化に偏ることになります。自文化に帰還する場合は、自文化への再同化、あるいは異文化からの「離脱」、あるいはリエントリーが必要になるのです。異文化と自文化の間を行ったり来たりする場合は、自らのアイデンティティのバランスをとることが、負荷のかかる作業になることも予想されますので、言語と共に文化の切り替えを含む「コード・スイッチング」のスキルがもっと注目されてもいいのではと考えています。

　異文化コミュニケーションのトレーニングプログラムではないのですが、私自身が受講したトレーニングでソーシャル・スタイル（Social Styles）を扱ったものがあります。これは1970〜80年代に米国で開発されたプログラム（Bloton & D.G.Bolton, 1984）で、当時はMIR：Managing Interpersonal Relationshipと呼ばれていましたが、今でもコミュニケーション・スキルのトレーニングでは使われているようです（谷益美、2015）。

プログラムの概要は、上司や部下や同僚など周りの他人から見て、自分がどのように認識されているかを把握して、ソーシャル・スタイルの異なる他者とのコミュニケーションにおける対応力を養おうというものです。ソーシャル・スタイルは、周りの他人から見た自分の思考開放度（Assertiveness：自分の考えを表明している度合い）と感情開放度（Responsiveness：喜怒哀楽を表現している度合い）をそれらの度合いに応じて四象限に分類したものです。思考開放度も感情開放度も高い象限を「エキスプレッシブ（Expressive）」、どちらの開放度も低い象限を「アナリティカル（Analytical）」、思考開放度だけが高い象限を「ドライバー（Driver）」、感情開放度だけが高い象限を「エイミアブル（Aimiable）」と呼びます。実際はこれらの四象限をさらにそれぞれ四分割して16象限として分析します。たとえば、私の場合は、「アナリティカル・ドライバー」、つまり思考開放度は少し高めで、感情開放度は非常に低い、という具合です。

　このトレーニングを受けると、誰がどの象限に入る、ということばかり盛り上がる難点がありましたが、それも含めて、社内研修では珍しく印象に残ったトレーニングでした。私の例のように、自身が「ドライバー」の象限に位置している場合、相手が「エキスプレッシブ」や「アナリティカル」や「エイミアブル」であった場合に、どのように対応力（Style Flex）を発揮して、コミュニケーションを取れば効果的か、を考えるのがトレーニングの主目的になります。

　この時点では、Howのスキルのトレーニングになりますが、基本は、相手のスタイルを尊重して押したり引いたりすることで、円滑なコミュニケーションとスムーズな人間関係を維持・構築することです。ただ、この方策には、自分のスタイルを曲げてまで相手に合わせることがいいのか、あるいは、単に相手の思考を操作

するだけではないか、という批判があったようですが、自分自身はむしろ、相手の思考の波長とシンクロしていく自分が面白く、興味がありました。後になって考えると、この場合の対応力も、相手に合わせてコード・スイッチングするという意味では、アコモデーション（話体調節）の一種と考えられます。

　このトレーニングを終えてから、ふと別の疑問が沸いてきました。日本人同士であれば、日本人の平均、あるいは会社の社員の平均を座標軸の中心に置いて、四象限を定義することができますが、異文化間コミュニケーションの場合はどうなるでしょうか。その時のトレーナーの答えは、国や文化によって、四象限の座標がずれる、ということでした。すなわち、極端に言えば、アメリカ人から見れば、日本人はほとんどみんな「アナリティカル」か「エイミアブル」に見え、日本人から見ればアメリカ人の多くは「ドライバー」か「エキスプレッシブ」に見えることがあり得るということです。そうであれば、単なる対人対応力ではなく、文化を乗り越えた対応力が求められるでしょう。

　日本で行われたトレーニングでしたので、大半は日本の企業の組織におけるデータが平均となり、設定されていたはずです。その日本基準の座標軸の中で見た時に、私が所属していた外資系の社員の平均値は大いにドライバー寄りに偏っていたと聞きました。特に、マネージャークラスのデータはかなりの程度、「ドライバー・ドライバー」、つまり思考開放度は全開で、感情開放度は最小というパターンでした。これは、情に厚い、親しみのある日本的上司像とは対極になり、平均的日本人が外資系企業に入ったときに最初に感じる違和感になるのでしょう。おそらく、外資系企業の座標軸は、日本企業のデータにより構成された座標軸と米国企業の座標軸の中間に位置するのでしょう。探してみた限りでは、異文化間でのソーシャル・スタイルの研究はまだないようですので、

今後の研究が待たれます。

## コード・スイッチングのすすめ

　外資系企業は、英語と日本語、欧米文化と日本文化の交差する異文化・異言語環境ですが、その中で、どのような言語スタイルの調整が、意図的にもしくは無意識に行われているのか、ここまでできうる限り具体的に示してみました。意図的に言語スタイルが調整されているエリアはスキルの問題になりますし、無意識的に言語スタイルが調整されるのは、人間の感覚的調整能力の問題になります。

　いずれにしても、異文化と自文化の狭間にいると、自ずと言語スタイル、ひいてはソーシャル・スタイルを自動的に切り替えられるようになっていきます。本文で説明したようにアコモデーション（話体調節）しているうちに、アシミレーション（同化）していき、文化の境界を行ったり来たりしているうちにコード・スイッチングができるようになり、みずからのアイデンティティを切り替えて、インテグレーション（統合）できるようになって行くのです。繰り返しになりますが、外資系企業を本書の舞台として取り上げたのは、外資系企業が異文化の交錯する環境であり、良きにつけ、悪しきにつけ、時代と個人の人生観の変化を先取りしている現場であると考えたからなのです。

　本書で説明したように、これは特別なことではありません。日本人の言語との関係を見てみると、和語、漢語、翻訳語、外来語、加えて標準語と方言、男性言葉に女性言葉、複雑な敬語体系、ホンネとタテマエの使い分け、などなど、実に様々な言語や言語スタイルを駆使していることが分ります。外国人から見て日本語は難しいと言われますが、最大の難関は文法や漢字ではなく、状況に応じて器用に言語スタイルを使い分けるスキルと感覚なのでは

ないかと思います。このことによって日本人の多様な表現形式を生み出しているのですから、素晴らしいことなのですが、外の国から見れば、ある種の文化的障壁と映り、「不可解な日本人（inscrutable Japanese）」、と感じられてしまいます。そこのところをどうやって外に向かって発信して、説明していくかが大きな課題です。

　外資系企業の中で、単に外国企業文化に合わせて仕事をしていくだけでは、アシミレーション（同化）してしまい、日本人としてのアイデンティティを犠牲にして生活することになってしまいます。それでは、日本人の部下や同僚、まして日本の顧客に対して、意味のあるコミュニケーションをとることができません。言語と言語スタイル、そして文化の切り替えを自然に行いながら、日本人としての自分とグローバルの企業文化を統合的にマネージできることが望まれます。つまり、コード・スイッチングのスキルを実践しながら、無意識のうちに言語スタイルと自分の文化的アイデンティティをスイッチできるようにしていくのです。

　無意識に切り替えられるということは、自分の中に複数のアイデンティティが存在すること、つまり、マルチ・アイデンティティを備えた自分が存在することです。それらのアイデンティティはお互いにまったく矛盾のないものであるとは必ずしも言えません。そうかと言って、「ジキル博士とハイド氏」のような極端な二重人格や多重人格は精神的疾患となってしまいます。

　ここで言うマルチ・アイデンティティとは、例えていうなら、コアのないアメーバーのような存在ではないかと考えます。そのような自分を受け入れることには若干抵抗があるかもしれませんが、むしろ自然な感覚であると捉えられる方もいることでしょう。人間のパーソナリティは、個々人が個性豊かでありながら人格が確立しているというようなものではなく、不安定で多様で時に矛盾

に満ちた個性（いわゆる「分人」がこれに当たります）の集合体と考えられるのです。我々人間はこのアメーバーのような自己のパーソナリティを変化させながら一生過ごしていき、その中で様々な人と出会い、別れ、争い、愛し合うのですが、それは楽しくもあり、苦しくもあり、嬉しくもあり、悲しくもあるのでしょう。それぞれの出会いで、その時々の環境によって、自分自身の在りたい姿、思考方法、感覚も異なることを受け入れることで、多様な自分と多様な出会いと関係性を拡げていくことができるのではないでしょうか。

　最後に、マルチ・パーソナリティやコード・スイッチングのような考え方が生み出される時代背景について述べておきます。特に21世紀に入ってからの世の中の変化は極めて重要で、我々の生活と思考に大きな影響を及ぼしていることは疑いありません。たとえば、情報のシンクロ化と移動の高速化です。これはインターネットやメディアの世界的普及と飛行機や高速鉄道網の発展によってもたらされている変化です。同時に、多様化、あるいは多価値観化と多文化化が進み、多格差化も進行しています。これはEUやアメリカのように移民を積極的に受け入れてきた地域で顕著な変化であったようですが、日本でも時間差で免れることのできない変化の波が到達することでしょう。大きく言えば、国家中心型の20世紀から、メルティング・ポット型の21世紀に転換しているように思えます。

　これらの変化によって個人の生活や人生観も大きく影響されています。まず、移動することが容易になったために移動距離と移動頻度が増大しました。自ずと異なる文化や言語に接する機会が増えていきます。一人の個人の生活の中で言語やスタイルを切り替えることが普通になっていくこともあります。ネットやバーチャル空間の拡がりによって、移動することすらなく、ある程度自

分の世界を拡げることもできるようになりました。同時に、長寿命化が進み、リンダ・グラットンが『ライフ・シフト（"Life-Shift"）』で描いたような複層的人生を歩むことも不可能ではなくなりました。また、多くの人は家庭にも地域にも職場にも自分のアイデンティティとプレゼンスを発揮する機会があり、場合によっては、リアル空間に加えてリモートやバーチャル空間に複数の職場や、学業や趣味の世界を持ち、文字通りマルチに活動することも珍しくありません。まさに個人主義の20世紀からマルチ・分人主義とでも言える21世紀の人生観への転換が進んでいると言えるでしょう。

**参考文献**

- ラッセル・キング、竹沢尚一郎他訳（2011）『移住・移民の世界地図』丸善出版（原著：King, R. (2010). *The atlas of human migration*：*Global patterns of people on the move*. Myriad Editions）
- 友原章典（2019）『移民の経済学：雇用、経済成長から治安まで、日本は変わるか』中央公論社
- ナンシー・J・アドラー、小林規一訳（2009）『チームマネジメント革命：国際競争に勝つ経営戦略』同友館（原著：Nanchy J. Adler. (2008). *International Dimensions of Organizational Behavior, 5th edition*）
- ギート・ホフステッド、岩井 八郎,・岩井 紀子訳（2013）『多文化世界 — 違いを学び未来への道を探る 原書第3版』有斐閣
- 八潮智子、久保田真弓（2012）『異文化コミュニケーション論：グローバル・マインドとローカル・アフェクト』松柏社
- エリン・メイヤー、樋口武志訳（2015）『異文化理解力——相手と自分の真意がわかる ビジネスパーソン必須の教養』英治出版（原著：Erin Meyer. (2014). *The Culture Map*：*Decoding how people think, lead, and get things done across cultures*. Public Affairs.）
- Kuroda. R. (2022b). *English usage and acculturation in subsidiaries of multinational corporations in Japan*. Nagoya Gakuin University Review of Foreign Languages. 22.35-51.
- リンダ・グラットン/アンドリュー・スコット、池村千秋訳（2016）『ライフ・シフト 100年時代の人生戦略』東洋経済新報社（原著：Gratton, A. & Scott, A., (2016). *The 100-year life*：*Living and working in an age of longevity*. Tuttle-Mori Agency.）
- 谷 益美、枝川義邦（2015）『タイプがわかればうまくいく！：コミュニケーション・スキル』総合法令出版
- Bolton, R. and Bolton, D.G. (1984). *Social style / management style*：*Developing productive work relationships*. American Management Association

# あとがき

　外資系企業は多文化共生社会となると想定される将来の日本社会の未来予想図であるとも考えられます。外資系企業で起きていることが、すでに知らず知らずの間に現代の日本社会の中でも観察されるからです。これは必ずしも国内で英語がドンドン普及して誰しもが英語を自由に操る時代が来るとか、日本企業のマネジメントスタイルが外資系企業の「グローバル・スタンダード」方式に変わってしまう、ということではありません。

　もっと深刻な変化は、日本語でのコミュニケーションにおいて、異なる世代や地域や趣味集団などの間で特異な表現や言い回しが発達し、多文化が進行し、相互に意思疎通しにくくなる状況になっていることです。おそらくみなさんも、それぞれの帰属するグループに適応したコミュニケーションスタイルの切り替えが頻繁に必要になってきていることを薄っすらと実感されていることでしょう。作家の平野啓一郎氏は、このような現象を「分人」と表現しています。つまり、確固とした人格をもった「個人」ではなく、相手と環境で様々な面を持つのが人間であるとの捉え方をして、「分人」と呼んでいるのです。

　確かに人間は不完全な存在ですから、「確固とした人格」というのは理想ではあっても、妄想に過ぎないと言えなくもありません。すべては脳で構築されたものですから、バラバラの人格が併存していても不思議ではなく、それらの平均か、最大公約数か、あるいはアメーバーのような集合体が、その人間の性格を構成していると考えるのは、合点がいきます。それは「二重人格」、あるいは「多重人格」ではないのか、という非難が聞こえてきそうです。また、日和見的に、あるいは戦略的に話す相手に合わせているだけではないかという批判もあるでしょう。しかし、それらの批判は

あくまで人間は確固たる個性と人格をもった「個人」なのだ、という人間観にもとづいていると言えるでしょう。そんな「個人」などは幻想であって、人間はもっとあやふやな存在であり、一人の人間の中では多数の「分人」が影響しあいながら、どうにかバランスをとったり、演じ分けていたりするという考えには、自分自身は大いに共感できます。

英語と日本語の使い分けによるスタイルやアイデンティティの変化を議論すると、「言語は手段に過ぎない、自分の考えは一貫している。ちょっと仕草や言い回しが違うだけで、アイデンティティうんぬんの変化だというのは、笑止千万である」という批判が多く聞かれます。そのような批判をされるの方々の多くは、かなりの程度、思考やスタイルが欧米化されているのではないでしょうか？ 翻訳語主体である標準語による教育制度の中で、欧米概念と欧米的論理体系によって思考が構成されてしまうのは、自然な流れです。そんな欧米流のコンセプトやロジックに異を唱えたのは、日本語の多重構造を指摘した書家の石川九楊や、分人主義を提唱している小説家の平野啓一郎でしょう。

心理学者の岸田秀は『ものぐさ精神分析』などの著書で知られていますが、彼は一貫して、「世の中、すべて幻想だ」と主張して、「唯幻論」を提唱しています。人間は本来動物が遺伝子的にもっている本能を退化させてしまったので、巨大な脳を持つことになり、文明や社会、法律や宗教など、あらゆるルールを人工的に構築する必要があった。つまり、すべては想像の産物であり、すなわち幻想である、とするのです。あくまで幻想で勝手に作り上げたものですから、完全であろうはずがありません。政治体制もバラバラ、文化も文明も多様、宗教に至っては、信じる絶対的な存在が異なりますから、殺し合いに発展することも多くあります。もちろん言語や言語スタイルも異なりますから、上手くコミュニケー

ションできなくて当たり前です。

　解剖学者の養老孟司は、人間は脳がすべてであるとする「唯脳論」を提唱しました。思考も情動もすべては脳の産物と考えるのですから、岸田の「唯幻論」と通じるところがあります。とかく、「人はこうあるべし」、とか「経営者はどうあるべき」、というような肩肘張った人間観が蔓延る世の中ですが、岸田秀や養老孟司の人間を不完全な生物と見る人間観には共感を覚えます。人間が完全な存在であれば、少なくとも完全な存在であるべきと考えるのであれば、確固たる信念とか、確立した個人とか、を前提としてもいいのですが、不完全な存在として人間を捉えた場合には、矛盾だらけの複雑で複層的な自己が存在し、それぞれがお互いに牽制しあい、バランスを取り合いながら、時に矛盾しあいながら、またバランスを失いながら、どうにか存在していると考えるべきなのだと思います。


　本書では、著者の外資系企業における経験と言語学の研究をクロスオーバーさせて、異言語環境でどのように我々がコミュニケーションしていけばいいのか、を追求してきました。それは単に外資系企業で活躍するエリートや社員の方々のためだけではなく、言葉や民族の違いに関わらず異文化・異言語に関わりを持つより多くの日本人が、今まで気づいていなかった視点で自身と周りとの関係を見直して、よりしなやかにコミュニケーションしていけるようになればと考えています。そのためには、もっと気軽に言語や言葉使いや談話スタイルを「着がえれば（＝コード・スイッチングすれば）」いいのではないでしょうか。そうすることで私たちは社会の中で、そして「自分」自身からももっと自由になれるのだと確信しています。

　最後に、本書のベースとなった私自身の卒業論文の指導教授で

あられた唐須教光元慶応義塾大学教授、修士論文の指導教授であられたフィリップ・モロー名古屋学院大学大学院教授に感謝いたします。両先生のご指導なくして私の論文も本書も世に出ることはありませんでした。そしてアンケートやインタビューに答えていただいた外資系企業の社員・元社員のみなさんに深くお礼を申し上げます。元同僚とは言え、快く時間を割いてアンケートに回答いただいたり、インタビューでも忌憚のないご意見やご助言をいただいたりしましたことは感謝に堪えません。

**参考文献**
・平野啓一郎（2012）『私とは何か：「個人」から「分人」へ』講談社
・岸田秀（1992）『ものぐさ精神分析』青土社
・養老孟司（1989）『唯脳論』青土社

黒田 良（くろだ りょう）

米国系化学会社の日本法人およびその合弁会社における３０数年の勤務を経て、国内上場企業に転職。在職中に翻訳語論や言語相対論などに魅せられて、退職後に大学院で英語学や言語学を学びなおす。

現在は、いくつかのコミュニケーション関連の学会に所属するとともに、海外展開を目指す中堅中小企業を支援している。

座右の銘は

" Know yourself, be yourself and accept yourself "

**外資系の言語学**

2023 年 8 月 4 日　　　第 1 刷発行

著　　者―――黒田良
発　　行―――日本橋出版
　　　　　　　〒 103-0023　東京都中央区日本橋本町 2-3-15
　　　　　　　https://nihonbashi-pub.co.jp/
　　　　　　　電話／ 03-6273-2638
発　　売―――星雲社（共同出版社・流通責任出版社）
　　　　　　　〒 112-0005　東京都文京区水道 1-3-30
　　　　　　　電話／ 03-3868-3275
© Ryo Kuroda in Japan
ISBN 978-4-434-32399-7